设计自由

Designing Freedom

[英] 斯塔福德·比尔 - 著
李文哲 - 译

Stafford Beer

南京大学出版社

DESIGNING FREEDOM by STAFFORD BEER
Copyright © 1974 STAFFORD BEER
Published by arrangement with House of Anansi Press, Toronto, Canada.
www.houseofanansi.com
Through BIG APPLE AGENCY, INC., LABUAN, MALAYSIA.
Simplified Chinese edition copyright © 2020 Shanghai Sanhui Culture and Press Ltd.
Published by Nanjing University Press
All rights reserved.
版权登记号：图字10-2020-361号

图书在版编目（CIP）数据

设计自由 /（英）斯塔福德·比尔著；李文哲译. — 南京：南京大学出版社，2020.11

（现代人小丛书）

书名原文：Designing Freedom
ISBN 978-7-305-23731-7

Ⅰ.①设… Ⅱ.①斯…②李… Ⅲ.①社会控制论—研究 Ⅳ.①C912.37

中国版本图书馆CIP数据核字(2020)第168587号

出版发行	南京大学出版社
社　　址	南京市汉口路22号　邮　编　210093
出 版 人	金鑫荣
丛 书 名	现代人小丛书
书　　名	设计自由
著　者	［英］斯塔福德·比尔
译　者	李文哲
策 划 人	严搏非
责任编辑	郭艳娟
助理编辑	刘慧宁
特约编辑	杨揄熹
装帧设计	COMPUS·道辙
印　　刷	山东临沂新华印刷物流集团有限责任公司
开　　本	787×1092 1/32　印张 5.125　字数 70千
版　　次	2020年11月第1版　2020年11月第1次印刷
ISBN 978-7-305-23731-7	
定　　价	45.00元

网　　址 http://www.njupco.com
官方微博 http://weibo.com/njupco
官方微信 njupress
销售热线 （025）83594756

版权所有，侵权必究
凡购买南大版图书，如有印装质量问题，请与所购图书销售部门联系调换

"现代人小丛书"策划人言

20世纪60年代以后,全球资本主义进入消费社会时代,奥威尔在《1984》中预言的"老大哥"的普遍统治并没有出现,但赫胥黎所预言的《美丽新世界》欣然降临,人们生活在感官刺激的消费景观中,自己也欢乐地成为这景观的一部分而不自知。

300年的现代性给人类社会带来巨大进步,许多过去年代不可想象的权利和自由成为人类生活不可或缺的基本内容,但它的问题也伴随着这些进步同时裸露出来,成为这个时代不可摆脱的困惑。

"现代人小丛书"的作者是一群世界一流的知识分子和专家,他们从各个不同的与日常生活紧密相关的领域或问题出发,向公众提供面对后现代社会诸多问题的基本知识和批判性思考。它不是一套传统的公民读本,它讲述的是即便人们已经有了基本政治权和社会经济权,现代社会依旧没有摆脱的工具理性的"铁笼"命运,而生活在其中的人们,当如何面对这些命运。在残缺的人性和不够坚强的道德理性面前,如何坚持对一个好生活的塑造。

这套书是理解今天之现代性的批判性思考,它应该成为今日社会的普遍知识,以帮助每个现代人在今天的充满困惑的生活中保持批判的理性和审慎的乐观,以及,更重要的,保持并回归真正自我的本真。

目 录

001 第一讲 "我们最珍爱的一切"所面临的真正威胁

027 第二讲 被忽视的现代化工具

053 第三讲 自由机器的样机

079 第四讲 为人类服务的科学

107 第五讲 设计未来

133 第六讲 控制论世界中的自由人

第一讲 『我们最珍爱的一切』所面临的真正威胁

DESIGNING FREEDOM

在智利西海岸边一个清静的小村庄里，陡峭的山崖边有一所小屋，我在小屋里一个人住了几周。滚滚而来的巨浪涌进海湾，轰鸣着撞向礁岩，冬日的阳光下，碧海银波。那是一段安宁的时光，一段用来清理思绪的、令我珍惜的时光。

毕竟，这样的时光对今天的文明人类来说是很难得的。我们"宅"在家里消耗时日，像蚁族一样成群结队地进出办公大楼，拥上火车，挤进机舱，在高速公路上塞车，一堵大半天。受消费方式的影响，我们越来越多地关注吃喝穿戴等俗世诱惑，几近走火入魔，其程度远远超过了生存所需。所有这些都受制于我们的经济制度。为了管理经济、保障安全、捍卫家园、关照和教育家人，我们建立了种种保护机构，它们却都逐渐变成社会机器上的重要零件。蓦然回首，我们发现，这部机器为我们提供的似乎不是保护，倒更像是威胁。

人类一直都在和环境做斗争，但是，直到近代，这种斗争的范围都是适度的，保留在人能自我掌控的范围内。一个人可以改建自己的房子，只要老天爷不跟他作对，他就可以开工，不必去向城市规划的管理部门提交申请，也不需要提供房贷的债主或银行的批准。他可以随心所欲地给自己的孩子穿着打扮，把自己的知识传授给孩子，告诉他们怎样学习。在这项自然而然的教育活动里，他不用受教育局及其专家委员会的监管。当他遇到危险的时候，他凭借自己的力量和技能，对付的是和自己实力相当的动物：而不是突然被一团重达两吨、时速 60 英里的钢铁撞飞。过去，即使面对死亡，无论输赢，也只是个体之间的对抗：作为个人不会面对种族灭绝或核武器的压力。但是，今天，时代变了，我们必须面对和承受这一压力。我们不大思考这个问题。当事情不妙时，我们能找到各种不利因素，而不需要去埋怨自己：也许这算是某种自我安慰。

我们是不是真的应该思考这些问题？我认为，许多情形虽然没有涉及上述这些严重的社会特征，人们也确实越来越多地开始质疑我们这个社会的基本假设了。今天生活在都市社会中的人，已经相当程度地退化为夹在庞大机构之间的小侏儒。这一切，表面上是为了进步——为了更高的生活水平，更高的人均国民生产总值，然而，实际上又如何？近十几年来，公众已经开始怀疑,人类文明这部庞大机器是否真的运行良好。它是不是开始崩溃了?

这种怀疑有很多支持它的证据。比如,原本富饶健康的城市从中心向外逐步衰退,产生了贫民区以及随之而来的种种社会问题,比如两极分化、私刑、暴动,犯罪率上升,暴力行为增多,等等。又比如,世界范围的环境——大气层、海洋、湖泊与河流均遭到污染、毒化。再比如,贫富鸿沟越来越大,而我们的社会竟然给豪富之辈越来越多的财富,而对饥寒交迫者进行进一步的剥夺。我不打算没完没了地开列这份令人厌恶的清单,因为有良知的人已经意识到这些问题。在这个讲座里我只想问一个问题:为什么?因为如果我们明白问题的缘由,那么我们也许能够找到解答。

其实,最难的就是提出问题,而之所以最难,恰恰在于它乍听起来似乎非常简单。我们的问题是,这里谈及的所有组织,包括家庭、办公室、学校、城市、公司、政府和国家,不仅是一种存在,不仅是我们承认和给予标记的一些实体,它们更是动态的、有生命的系统。我说过,这听起来好像非常简单。很显然,这些单位确实是系统,它们由一个个相关的部件和把各个部件联系起来的关系所组成。同样很明显的是，它们是动态的，没有人相信这些机构只是坐在那里沉思冥想。它们始终处在"运动之中"。最后，这些系统是有生命力的，如果它们没有生命力，它们就不会存在。然而，正因为我们是在讨论这样一些系统，我们自然而然地会忽视它们的一些本质——我们常常视而不见，绕而行之，身处其中而不觉，丝毫看不见它们的内涵。

尽管我们能够意识到世界的系统特征，面对质疑时也会同意，我们眼中的每个实体实质上都是一个系统，但是出于惯有的文化意识，我们并不认为这一见解有多大的意义，或者值得认真思考。我提议大家做一个小练习，就拿我眼前的海湾做一个例子。不难明白，海湾内海水的运动明显是一个动态系统的行为：海浪持续地涌进来，消失在海滩上。现在，请考虑一下单个的波浪。我们可以把它想象成一个单位实体：也就是一个波浪。它在那里干什么？为什么它是这样的形状，为何它拥有那令人愉悦的白色浪花？这个小练习的意义在于，老老实实地问一问自己，可曾想过这些问题。问题的关键并不在于是否知道答案，因为任何解答都是技术性的。关键在于问题本身，也就是说，只有当我们不再把这些海浪看作实体，我们才能理解那些问题及其答案。只要我们把海浪看作实体，我们就总是说，海浪不就是那个样子嘛：它正涌进海湾，那起伏的形状、赏心悦目的白色浪花，都是在告诉我们，"这是海浪"——就好像说一本书是红色的（而不是其他颜色）就足以说明"那正是我要的书"似的。

但是，事实上，这本书是红的，是因为有人给它配了一个红色的封面，而他大可以给它配一个绿色的封面；海浪却不可能是别的，因为它是一个动态的系统。海浪的构成是水及水流之间的关系，水是它的组成成份，水流之间的关系服从水流系统的自然规律，是流体力学研究的对象。海浪的外观，它的形状和欢跳的白色浪花实则是这个系统的输出品。它们之所以是现在这个样子，是由其系统的组织方式所决定的，而这个体系本身对应着某种必然的行为方式。浪花横切面的边缘是一个抛物线，它有两种基本形态，一种是外海海浪的主要形态，另一种是内海海浪的主要形态。由于第二种形态是从第一种形态中产生的，海浪在两个阶段之间有一个短暂的时刻具有两种形态，形成一个120度的楔形，第二种形式随即出现，波浪开始断裂，形成欢跳的白色浪花。

这样看来，在那个叫作海浪的动态系统中，白色浪花作为一个符号，根本不能作为我们原来称为实体的海浪的标志。对海浪来说，浪花算是它的灾难。实情是，海浪的内部存在系统性的冲突，它的组织形式决定了系统的不稳定性。快乐的白色浪花是海浪的厄运之星，因为不稳定性会自我强化，海浪的灾难性毁灭正是这个体系不可避免的结局。

我所问的"你知道吗"，不是说"你知道理论流体力学吗"，而是"你知不知道海浪是一个动态系统，它的灾难性毁灭是其内部固有构成的不稳定性的结果？"当然了，我们做这个练习是为了就我们刚才讨论的社会组织提出同样的问题而做准备。如果我们将这些社会组织视为一个个实体，我们就很难指出问题的关键，甚至不会对某些怪异的现象感到惊奇。围绕着小小人类个体的是一些庞然大物般的组织机构，它们都带着官僚的印记，表现得常常是拖拖拉拉、漏洞百出，还暴露出我前面提到的许多危险特征。我们不会感到惊奇，只会无可奈何地哀叹：这些组织原本就是这个样子啦，没有办法。而实际上，这些机构是一些动态系统——它们有特定的组织构造，会产生特定的输出。我的观点是，它们必然会进入非稳态，灾变是其不可避免的结局。我认为，我在前面提到的那种日益增长的不安，正是大众开始本能地感觉到这一威胁的过程。任何人要想真正理解这种可能性，了解它是如何产生的、危险性何在、人们还可以做些什么，都并不需要精通社会政治控制论，而只需要明白一个简单的概念。控制论是研究系统行为的科学，正如流体力学是研究海浪的科学一样。我们不必精通整个控制论，但是，为了了解我们当前社会的基本问题，我们必须训练自己了解一个概念：社会机构不是庞大的单个实体，而是一个动态系统，不是欢跳的白色浪花，而是不稳定性的灾变警示。

上面我们讲了一点动态系统的性质，我在开始时还提过一个词："生存"。海浪不是一个动态生存系统（surviving system），它的毁灭存在于其组织内部。但是，我们显然认为社会组织有其生存价值，它们也毕竟一直生生不息，因为它们具有一种特殊的能力，我们称之为"适应"。这是海浪所不具有的一种能力。既然如此，我们有什么可担心的呢？还需要担心什么不稳定性和即将到来的灾难吗？

有一种观点认为，社会组织已经证明自身可以存活，而且我们也相信它们仍将适应变化，继续存在。实际上，我们要求它们如此，因为我们的机构承载了对我们而言至关重要的一切。从基于爱和相互支持的家庭单元开始，一路延伸到每个人的母校，包括中小学，甚至大学，还有邻里街坊、社区、教会，一个个组织机构环环相扣。它们不断扩展，进入商业，关系着整体社会的繁荣兴旺；它们受到国家鼓励、保护并立项支持。这就是我们的社会，一个能够不断适应变化的生存实体。如果变化过于急促，威胁到存在于各种组织机构间的社会，许多严肃认真的公民就会说，我们必须严明社会博弈的规则，巩固组织机构，严守刑法、社会规范和道德准则，渡过难关。这是保守者的态度，但不是我的态度，因为它不会永远有效。

我们应该面对的事实是，这种理论其实已经行不通了。人们自欺欺人地说，这一套挺管用的呀。因为他们把社会系统看成一个实体，并且认为社会的主要特性无上崇高。然后他们咬着牙宣称，不管哪里出了错，一定可以纠正过来。被道德败坏摧毁的屏障必将被修复：迷失的孩子一定会浪子回头。尽管多数人早已不去教堂，但他们还是基督徒（真的有这种事吗？）。现在世界上三分之二的人食不果腹，但他们将来一定会有足够的食物（注意，这里说的不是现在快要死掉的这个三分之二，而是他们的后代）。还有，一定会有办法把我们这个有限的星球，有限的资源，变成无限的，以支持更多的增长。哦，天哪，要是我们面对的是一个固定的实体——一个拥有永恒价值观的社会或生活方式，这种愿景或可行得通，但现实的状况失之千里，所以这只能是一曲黄粱美梦。美梦已然生锈，但人们还是不愿放弃梦想：说不定，如果大家努力不懈，时不时给它抹些机油，就能让它恢复光彩呢。有些人，特别是有些政治家，似乎正做如是想。

实际上，如果社会是一个动态系统，所有这些现象就不再是简单的瑕疵了——它们是这个系统本身的产品，而这些产品严重地威胁到我们所珍爱的世界。这个系统组织得如此严丝合缝，似乎其全部目的就是制造这些威胁我们的东西——而不是抑制它们。这些威胁不是意外，也不是错误，它们是这套系统内部冲突的持续输出，而这种冲突起源于组织本身的某些特性。这些组织目前已经达到一种阶段，其必然的行为模式，就像120度的楔形海浪一样，正处于不稳定的临界点——接近崩溃坍塌的边缘。至少我是这么认为。

我希望你愿意跟随我来一起看看这个假设。我可以较为乐观地做如下说明：可怕的结局一定会出现，就是说它是一种必然，这些毁灭性产出是该体制所固有的。但是，这种情况只会在我们继续支持这些体制时才会出现：而我们不是非这样做不可，我们可以改变这一切。为了做到这一点，我们必须首先认识动态生存系统的特点，必须了解那些既稳定又能应变的组织所必备的条件。

为了抛掉把组织看成一个一成不变的实体的观念，我们必须抛掉对组织的传统印象。这种印象大家都很熟悉。一家组织机构的活动被分成若干板块，每一板块被看成是固定的实体，这些板块又被分成小板块，诸如此类。每一板块上都有一个负责人，下面的小板块上有次一级的负责人。这样的组织图就像一张家庭谱系图。而这张图只有一个用途，那就是，如果出了什么错，可以用这张图去追踪错误的来源。事实上，整张组织图就像一张故障查询表，从中可以看出一辆汽车是如何组装的。某些人和关系用红色表示，如同燃料系统，另外一些则用蓝色表示，像是电子系统，等等。但在汽车的故障表上，看不到速度这个字眼，而汽车全部的意义就在于速度。

正规的机构图无法让人了解组织本身，因为它没有考虑到我们不是面对点火器、气泵、分电器，而是面对人的行为。把人连接在一起的不是曲轴、管道、电线，而是人际关系。对这些机构来说，重要的不是人们之间的上下级关系，而是生产效率，也可以说，是速度。把整个系统连在一起的组织力量包括心理冲突、忠诚、背叛、诚实、勤劳和懒惰。其中还包括总谱中旁系之间发生的基于特定关系的交叉链条，正式的有董事会和执行委员会，相对没那么正式的有协调委员和顾问委员会，还有非正式的乡谊会，甚至还有不公开承认的秘密帮会。我们该怎样在脑海中勾画这幅图景呢？又怎样去思考它的产出和稳定性呢？

现在请跟我来一起想象一个网球训练装置。两个竹竿由拉索固定在地上，两个竿顶上拴着一根橡皮绳，橡皮绳中间吊着一个网球。假定一个机构只有两个成员,他们分别坐在两根竿子的顶部——竿子被绳子牢牢地固定在地上,这决定了他们所处的正式位置。他们彼此之间的互动就是机构的工作,为此,他们之间必须有一种关联,在此处也就是橡皮绳。悬吊的网球所代表的意义不那么容易看出来,却至关重要。它正代表了这个系统的产出状态。

不管一家机构多么复杂,都可以用一个产出状态来定义它,这种状态是一个系统的产出。不是用系统活动中的某些特殊事件或具体结果来说明,而是用它的净性能来定义。这就好比说,从可观测的产出看一个人的特性,他或者处在睡眠状态,或者是在冲刺,或者是在凝神,或者是在打斗。或许,我们也可以把网球比喻为一场棋赛,比如说对弈的第 26 步。棋子之间存在各种张力,如果我们用摄影技术快放整个对弈过程,我们就能真正看到,动态系统如何在组织性冲突中运行。但是,如果我们只看走第 26 步棋时的棋盘,我们看到的产出只是一个单一的值,可能是"白子儿输棋",或者是"将军"。

如果坐在竿顶的人尽忠职守,他们会正确地拉动橡皮绳,代表系统产出状态的网球会跳动一阵子,然后归于静止。这时的动态系统运行良好,具有稳定性。如果工作的人没有效率,拿不定主意如何拉动网球(尤其是当他们互相推诿时),网球就会长时间跳动,甚至永远停不下来。这就是不稳定系统。如果我们假设两个人有良好的意愿,合理的效率,那么,他们会根据橡皮绳的弹性来互相配合行动,网球就会很快停止跳动。网球达到静止所需要的时间叫作系统的弛豫时间(relaxation time)。

这个系统对我们来说过于简单了,让我们来增加一些竹竿(想象一下,加到40根),排成一个圆圈,原来的那两根竹竿之间的橡皮绳就是直径。现在我们把在竿顶的所有人都加入系统,给每人一条橡皮绳,一头拿在手里,另一头和其他的橡皮绳汇集,在中间绑成一个结。这些新来的人技巧水平完全不同,工作勤奋程度和忠诚度也完全不同,我们可以用粗细不同的橡皮绳来代表他们的个性能力。假设我们忙这些时,网球震动起来了,我想我们可以打赌,弛豫时间会非常长。事实上,有趣的是,大家越是想通过操作系统让网球停止震动,系统就越不稳定。可以想象一下场面该有多么混乱:"嘿,乔治,别拉了,停一下好不好？","哈里，你使点劲儿呀！"，如此这般。事实上，如果所有40人都要和其他人沟通并互发指令，我们会有1560个沟通渠道同时开放。不难明白，事情肯定弄不好。

原因在于，这个系统作为整体来说有太多的可能状态了。我不是在说孤立的输出状态，而是说这个系统可能产出巨量的不同组合状态。站在这些竿子上的每个人都可以做出很多不同的行为，这些行为综合在一起，就会产生极为多样的组织行为。将所有可能的组织行为数目汇总，这个总数可以用来描述系统的复杂性。现在我们来对这个概念做一个正式的表述：一个系统可能存在的不同状态的总和叫作**多样性**（*variety*）。这将是我们下面的讨论中最常见的字眼，所以让我再重复一遍：多样性就是不同状态的总和。

让我们假设，每个人只采取两种行为中的一种，也就是说，我们把这个系统简化到极致。但即使如此，仍然有10的12次方之多的可能性。这个数字太大了，至少在理论上是这样，网球将永远不会静止。至少在理论上是这样。但是在现实中，我们的世界不会对这个系统不理不睬。想象一下，这些可怜的人折腾了整整一个星期，感觉自己已经竭尽全力，所有能做的都做了，突然间一只猫跑进花园，伸出小爪子拨弄起网球。人们的力气就都白费了，一切又要重新开始。

我们所有主要的社会组织都是有着极端多样性的系统，这些系统都要求有限的弛豫时间，又都非常容易遭遇不断的干扰，就像那只来到花园的猫。怎样才能克服这个问题呢？只有一个办法，那就是减少系统的多样性。这是所有组织都使用的方法，尽管每家组织有各自的具体方式。它们都必须降低系统的多样化程度，进行多样性削减。下面是几种不同的做法。

第一种方法，可以立起四根较高的竿子，每一根高竿子和10根较矮的竿子相连，站在高竿子上的人向他的10个部下发出指令，这会减少整个系统的多样性，但也会限制矮竿子上的人发挥最大潜能的自由。在这个方法中，自由服从效率，但是我们必须承认，如果不这样做，结局将是完全的无政府主义。

第二种方法，在橡皮绳之间放进一些完全没有弹性的连接，我们可以把这些叫作规章制度。这时系统看起来就像一张蜘蛛网，这样也可以降低多样性。但是那只讨厌的猫老是跑回来，使我们前功尽弃。再或是，房主人的孩子可能会到花园来，拿起壁球网拍对着网球使劲一击，整个系统可能完全无法承受，以至于全面崩溃。

第三种降低多样性的方法为银行和保险公司等机构所常用。他们的方法是把这只猫一枪打死。这个方法很有效，但是如果你是那只猫，事情就不妙了。而且无论如何，总不能把房主的儿子一枪打死吧。

我们没有时间彻底探索这个弹性网球系统，但是你可以自己继续研究。不过要记住我们至今所做的工作的要点：动态系统永远处在变动之中，多样性越高，变数越大。系统的稳定性取决于它从骚动进入均衡的净状态。整个过程所需要的时间是弛豫时间。系统采用的组织模式就是该系统的多样性控制器。记住这些要点，我们就可以清晰而简洁地总结第一讲的内容。请看下面。

我们的社会组织有漫长的历史。它们可以处理一定的多样性，而且有一整套降低多样性的手段。这些组织机构应付过一定程度、一定频率的骚扰，系统恢复平衡所需要的弛豫时间已经为社会所接受。但随着时间的推移，多样性日增——人口在不断增长,组织系统本身和人口均带来新的变数。这就意味着,有更多的控制多样性的手段作为制度被引入系统。到今天,我们的社会组织几乎完全被限制性条例牢牢地捆缚住了。随着社会的发展,骚动的范围和频率都在增大。可是,我们刚刚说过,我们系统的灵活多样性反而减少了。这就产生了一个不一致的现象,也就是说,系统恢复稳态的弛豫时间不足应付现有的骚动频率。即在网球还没有进入平衡状态时,一个新的骚扰因子就冲了进来,因此我们的社会一直处在不稳定状况。网球继续摆动,我们根本无法判断在哪里才能找到平衡点。

如果我们不能辨识什么是稳态,我们也就无从学习怎样才能达到稳态。也就是说,我们失去了参照点。因为失去学习机制,我们无法制定适应性的政策。如果我们不能适应,也就不能演进。因此,社会的不稳定性将像海浪的不稳定性一样,导致灾难性的结果。

我前面说过,我们有解决的办法,但是我也说过,解决的办法关系到组织的形态,关系到处置动态系统的多样性。如果在这些模糊却不断展现出来的事实面前,我们继续将我们的社会组织视为一个实体,继续认为这些组织是静态的物体,并认为系统的失败仅仅是一时的错误,我们将失去找到解决方案的仅有机会。

我特别要指出,如果我们受成见的束缚,宣扬老一套控制变数的手法,我们就是在宣扬一件完全错误的事,我们就是在葬送自己。这种固步自封,是对我们最珍爱的世界的真正威胁。

第一讲笔记

控制论

原定义来自：诺伯特·维纳（Norbert Wiener）

有关动物和机器中控制和通信的科学。

控制论的诞生距今刚好 30 年[1]；这个名词最早出现在 1947 年。

原定义点明了控制和通信的关系，指出了在生命系统和非生命系统中，均存在一般性原则。不论是什么系统，内部有何种组成关系，最重要的一项原理是反馈机制在所有系统中的重要性。

30 年后的今天，新定义可能应该这样表述：

控制论是有关组织效率的科学。

---

[1] 作者进行此次广播演讲的时间为 1973 年。——编者注

多样性

衡量一个系统的复杂性的参数,其定义为可能性状态的总数。

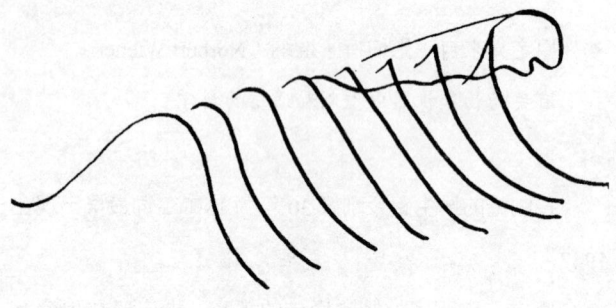

海浪怎样变为不稳定,最后进入灾难性毁灭。

引自勒内·托姆(Rene Thom),《结构稳定性形态发生学》,本杰明出版公司,麻省,1972 年(*Stabilité structurelle et morphogénèse*, Benjamin, Massachusetts, 1972)。

第一讲 "我们最珍爱的一切"所面临的真正威胁   023

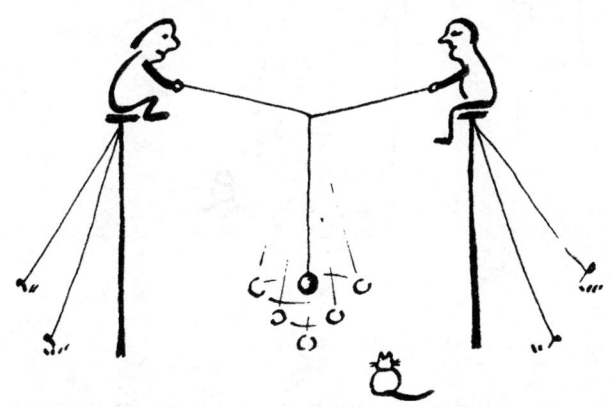

竿子和拉索决定了人在某个组织中的正式位置,网球代表整个系统的净输出状态点,也就是下面所谓的"代表点"。

一个系统的弛豫时间是系统受到干扰之后(例如,被猫扰乱——代表一种任意的干扰),"代表点"(representative point)达到稳定状态所需要的时间。

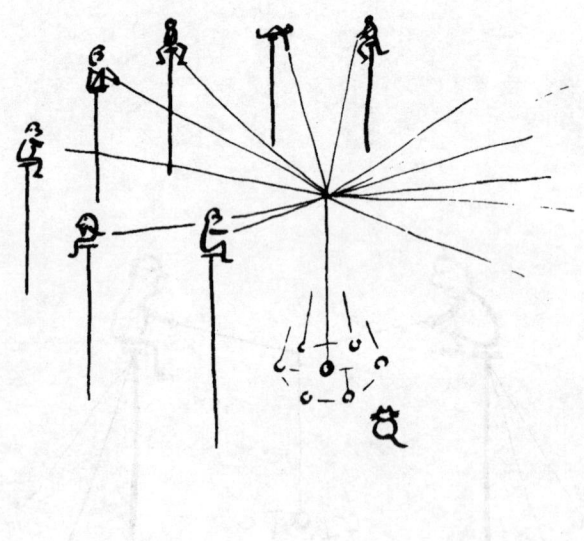

越大的组织,达到稳定所需要的弛豫时间就可能越长……

如果每个人都有完全的自由去采取他认为的最佳行动,那么(很不幸地)将造成不稳定——这个不稳定性自身不断增加,最后变成灾难性毁灭。

如果每个人都试图跟其他所有人交流,那么就会出现 N×(N-1) 个通信渠道。当 N=40,N×(N-1)=40×39=1560。

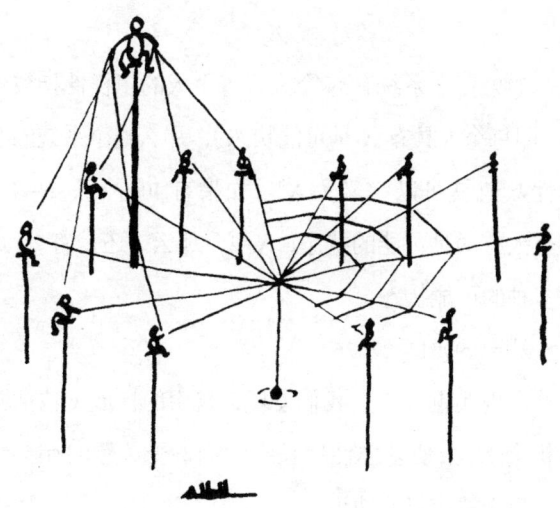

组织机构有三种主要方式减少自身的多样性:

※ 老板限制下属的自由;

※ 严格的规章制度限制各条橡皮绳之间的互相作用;

※ 某个人出手打死那只猫:某个机构不接受任意的干扰,强制那些与它进行互动的所有人和事符合某些定式。

多样性的扩散

如果一个系统有 N 个人,每个人的多样性指数为 X(即每个人具有 X 种可能状态),那么整个系统的多样性数值就可以定义为 X^n。如果有 40 个人,N=40,每个人有两种可能的状态,X=2,那么,还是有 2^{40} 那么多种的可能状态。

2^{40}=1099511627776

在现实世界中,我们发现,自由的扩展(包括新的机会),会使多样性增长到我们备受尊敬的社会组织再也无法应对的地步。

假设

制度体系的平均弛豫时间如果超过干扰事件之间的平均间隔,其结果便是不稳定成为制度系统的常态。

永久性不稳态会自我增强(因为当稳态不可分辨时,系统也就无法去学习以适应),因此这种不稳态就可能变成海浪式的不稳态,以毁灭为结局。

第二讲 被忽视的现代化工具

如果你坐在苹果树下，突然一个苹果落在头上，你会认为是何种力量导致苹果掉落？你会说树上有猴子在扔苹果吗？当然不会：这个力量叫作重力。我们知道地球上的任何地方都存在这种力。如果有人问我们，一杯水拿在手里，突然松手，会怎样？或者说一架飞机引擎突然停止，会发生什么？我们不会说我们需要就此进行实验，因为我们认为我们知道会发生什么。

然而，一种力会影响地球上所有的东西——不管是什么东西，一磅羽毛也好，一磅铅也好，影响程度都一样（如果空气阻力相等的话），这样一个概念理解起来有相当的难度。试想，怎么会有一种能够影响所有东西的力量呢？这种力量你不能直接体验，只能在数学公式中找到表达，而且，它对羽毛和铅一视同仁，这和人的直觉不相符合。

好啦好啦，你会说，好像我们都是没有知识的野人，分明小孩子都能回答这些问题。再说了，我们还是可以体验重力的存在的，因为身体就可以感觉重量。然而，我会问你，如果你生活在牛顿生活的那个年代——1687年，你还会这样回答吗？

我们的文化用了大概300年去理解牛顿物理学，

用了将近半个世纪去了解相对论和热力学第二定律，我们已经明白，我们至少可以对物理世界做一般性的陈述。我敢说，并不是所有人都关心这两个物理学问题的答案。当然，你也可以说，答案到今天已经渗透在我们的文化之中了。而我们观察到的事实是，文化的形成需要漫长的学习时间。而文化一旦形成，要改变这个世界观，将遭遇个体顽固的抵制。

我想告诉大家，我们看待社会组织，也面临同样的问题。我们的文化不认为我们可以对组织问题进行一般性的科学陈述。所以，即使每个人用意良好，他们也都非常不愿意承认，任何组织的行为都服从某些规律，或者说是定律——我们姑且称之为定律。大家都知道，物理学是一门科学，如果你现在说地球绕着太阳转，并不会被绑在柱子上烧死。如果有人提出一种理论，说从数学上很容易证明地球是宇宙的中心，他也不会被物理学家们清理门户。这是因为，人们，尤其是物理学家们，可以从容地面对这些命题。但是人们并不知道有效的组织也是一门科学，你如果提出这方面的任何理论，很可能会被那些控制组织运作的人拒之门外。对这些人来说，他们自己的机构都是独一无二的,一家种苹果的公司和一家制造玻璃杯或者制造飞机的公司没有任何相似之处。

结果就出现了非常奇特的现象。我们的机构之所以失败,是因为它们不遵寻有效组织的原理。管理者们固步自封,不知道这样的原理的存在,甚至认为根本不可能存在什么科学可以发现这些原理。因此他们满足于一些关于机构的成见,这些成见相当于物理研究中用咒语点铁成金的法术,结果当然也差不多。所以,对可以促进组织有效运转的工具,他们的看法也是完全错误的。我所指的主要工具是电脑、电子通信、控制论……

今天,如果真想改变物理学里的元素,我们会想到原子裂变装置。要想改变元素,就必须使用原子裂变装置。我们不会用原子裂变装置去轰击核桃,也不会去念什么咒语,我们会物适其用。但是在运作机构的时候,我们没有适当地运用工具,因为我们没有认识到这些工具的意义。于是,我们用计算机处理数据,好像数据就应该被处理,而且处理后的数据一定能被消化,变成机构的营养;我们像众多的当代炼金术士一样,嘴里念着各种咒语。

然而，要认识现有工具的真正用途，我们必须面对真实的世界。这不是我在故弄玄虚，这种工具也不是什么超出大部分人理解能力的高深的新鲜玩意儿，更不是一个"老大哥"——一个我们倍感陌生、似乎已经控制了我们的生活的电子魔兽。

我只是在提议，社会应该用自己的工具重新设计它的组织，用不同的方法来运作这些组织。我们可以对所有的问题进行想象，但是最首要和最根本的问题是，我们的思维受到各种既有文化的束缚。你不需要学很多东西就能明白我在说什么，你所需要的是思想解放。对那些有勇气接受它的人来说，这是一份礼物。记住：我们的文化给我们的教化是思想上的从众，而不是勇于思考。

现在我们开始工作，回到我们刚才讨论过的问题。一个社会机构不是一个实体，而是一个动态系统。我们用来考量它的参数是多样性。多样性是系统各种可能状态的总和。对每家机构来说，这个数字日益增长，因为教育、技术、通信，还有经济繁荣提供了越来越多的可能性，而这些可能性之间的相互作用带来了更多的多样性。为了调节控制一个系统，我们必须吸纳其多样性。否则，系统将越来越不稳定。最后，正如我们刚才演示的网球训练装置里的网球，在好的情况下，我们无法控制球的跳动，最坏的情况下，则会发生灾难性的崩溃——就像海浪的情况一样。

下面我们谈一个新的问题。是什么在控制多样性呢？回答是非常简单的，那就是，多样性本身消解多样性，舍此无他。

首先我们来考查这一描述的真实性。让我们来看看一家百货商店里顾客的情况。从商店的角度出发，这些顾客代表了海量的多样性，需要加以控制。请注意我是怎样使用"控制"这个词。我并不是说这些女士和先生们需要被告知去做什么，被要求去做这做那，而是说，如果其中一个人想买点什么，那么顾客和百货商店这一系统的多样性开始增加：一个可能的状态成为现实。一位女士想买双鞋子，但她也可能想买水果蛋糕。商店必须消化这种多样性：最好有人可以马上来收钱，并把鞋子包起来。同时，商店里还需要有人能够为水果蛋糕收款和打包。

百货商店之所以叫作百货商店是有道理的。那里有卖鞋的售货员，也有卖蛋糕的售货员，这就是这种组织结构的目的——将整体系统分切为子系统，让多样性的规模变得更为合理。漫无目的，不知道要买什么的顾客，代表现有商店设计不能满足的多样性。如果店家不小心的话，这类客户可能被忽视——这意味着商店出现了失控的局面。但商店如果细心，就会设置咨询台——它的存在就是为了吸收这个多出来的变数。

让我们回到买鞋的人，我们看到她很生气，因为没有人关注她，那位卖鞋的售货员正在为其他人服务，而且有四个顾客在排着队，其他卖鞋的售货员也都在忙着。应该说，局面出现了暂时性失控。也就是说，商店算错了所需的店员数量，不能充分吸收顾客产生的多样性。你可能还记得描述这类情况的概念和名称——弛豫时间。在这个系统中，多样性的累积超过了系统的吸收能力，对顾客而言，这很糟糕。如果这种情况一再发生，对商店来说也会很糟糕，顾客会舍弃这家商店，改去一家弛豫时间比较短的商店买东西。于是，销售服务中的临时性不稳态会永久化，此即灾难性的临界点。我们的麻烦是，公民在社会组织面前没有替代性选择，只能使用现有机构。

大家知道，只有多样性可以吸收多样性。最完美的方法听起来十分荒唐,却无往而不胜,那就是,每位顾客一来,就派一名销售员跟着她。不用操心部门的划分,不必担心那些卖鞋的售货员忙得两脚朝天,而睡衣部的女店员闲得在一边啃指甲。这样的配置可以随时随地吸收顾客带来的多样性。由此可见,我们不仅需要多样性去吸收多样性,还需要恰好同样数目的多样性去吸收。刚才我们讲到重力的定律,它可能是宇宙当中最重要的定律,而我们在百货商店发现的定律则是社会系统中最重要的定律,也就是以其发明人阿什比(Ashby)命名的"阿什比多样性法则"。

这个例子很荒唐,因为我们显然无法承受如此之大的多样性,正如百货商店不可能给每一位顾客配一名售货员,这么做成本太高了。但是你可能已经注意到了,在上流(所以非常昂贵)的专卖店里,比如车行或手工西服店,一对一的客服就是这样贴心,事实上,在那里,你简直没法把服务员支走。如果这世界上一半的人做警察,去侦察另一半的人,那么,在你的身后就将有一位警察紧紧跟着你,想甩也甩不掉。正是因为这个情形不可行,所以我们的社会还要忍受犯罪。显然,我们不能满足阿什比多样性法则的要求。

但是我们必须尽可能地去接近它，否则灾难性的崩溃就是我们的命运。那么，该怎么做呢？

多样性经常失衡，我们用建立新组织的方式对付这种失衡。有且只有两种构建组织的基本方法。要记住，不能违反自然规律，阿什比法则一定会占上风。我们在上一讲中看到了第一种方法，即减少系统所产生的多样性，使其和控制机制所提供的多样性相匹配。你可能还记得，我们放在高层竿子上的人，他们的工作就是减少多样性。我嘲笑金融机构的做法是"开枪打死那只捣乱的猫"。再以保险公司为例，它不可能向你——一个独一无二的人，提供充分满足你个人多样性需要的服务，你的多样性必须减少，你的需要必须符合更一般性的需要。理论上说，你可以从保险公司拿到完全个性化服务的报价，正如可以给你配备一个个人售货员和个人警察一样。你不妨试一试（我已经试过了），看看保险费会高到什么地步。这是可以想象的，因为声称可以满足每个公民的各种需要，就像我刚才举的例子一样荒唐。

问题在于，对于所谓全面解决问题根本是荒谬的，因此从来没有存在过这件事，我们的组织是不承认的。

他们应该明白，起码自己心里应该清楚，为了满足阿什比定律，他们减少了多样性。他们不肯承认，因为他们觉得那有失体面。我们的文化主张个人的独特性，但是社会却不能容纳所有人的独特性。这不是在做批判，而是在陈述一个科学事实。我们的文化坚持说个体有绝对自由，但是我们的社会无法满足这个标准，这是一个科学事实。我们再来看一看我们的做作带来的问题。我们不是在消费者和选民的引导下了解问题，运用科学最大限度地消解多样性，相反，我们将大量的国民财富——我们的财富，消耗在虚假的口号上。在消费方面，我们通过广告的压力，假装能把握所有顾客的多样性需要，而那是根本不可能的。在选民方面，个体的多样性实际上正在被削减，我们失去了原有的自由，因为没人问我们应该怎样削减多样性。没有政治家敢去问选民这个问题，因为他太急于代表那个不可侵犯的权利了。很显然，我们从来没有得到过这种权利，也不可能得到这种权利。我们应该面对事实，不回避地面对事实。

　　第二种满足阿什比多样性定律的方法是那家百货商店使用的办法。如果让商店只卖一种样式和一种型号的鞋子，或者，将顾客关在店里，一直等到售货员有时间为他们服务，实乃匪夷所思。另一种做法是放大系统中调控部分的多样性。每个销售部门不只雇用一名售货员，而是雇用多人，并努力寻找售货员和顾客之间的统计关系，让弛豫时间趋于稳定。有科学方法可供使用，只是这个路径并没有经常获得采纳。假如一名售货员能够跟踪几个顾客，而且提供很好的服务，调控的多样性就增大了。在社会系统中，这也是一个比较好的方法，因为它可以保护个体自由。我们没有这样做，有诸多原因——实际上，只有一个原因是真实的，其他能够都是这一原因的派生品。我们下面来看看这个突出却虚伪的理由。

这个显而易见的理由就是成本。对此，我要讲两件事情。第一，社会系统的运行成本一向被视为对社会进行评估的首要指标，而事实上，多样性才是真正有效的指标。成本并不如它所声称的那样是为了取得某种目的而必须花费的金钱。事实上，成本是指我们能够使用的全部资金，而这些资金的运作限制了我们在现有构架中的作为。如果现有的体制是历史跟我们开的一个玩笑，它的结构已经过时了，其弛豫时间过长，这个系统也就无法运作下去，就这么简单。一切都变得不稳定。我们倾注大量金钱阻挡灾难性的崩溃。但这样做实在是愚蠢，因为这些金钱都被用于修补一个老旧的结构，为了阻止弛豫时间持续增长而以高昂的代价增加系统内部的多样性，这进一步恶化了不稳定的情形（只要想一想网球培训基地的那些竹竿就明白了）。

第二，成本约束完全取决于有什么样的社会目标。而社会目标就是一套用以减少多样性的筛选装置。我们不可能选择社会想要的所有项目，我们的目标——我们的整套计划，就是要砍掉不断增长的各种社会愿望。也就是说，筛选装置在分配税负资源的使用。不过，我们的文化不愿意从这个角度观察问题。现在，让我们来看看吧，筛选一下我们的多种选择——这里有几个项目，或者选择开发垂直起降的飞机，或者选择和美国打一场争夺谁拥有加拿大工业的小型经济战，或者选择把政府各部门的工作语言换成两种语言，为此将官僚机构的开支增加一倍……

上面这些提议一说出来，现场一片沉默，我似乎听到了一个细小的声音（说话的人一定是个疯女人）：

"我想要 24 小时幼儿全托服务。"但是,那是需要钱的,我们没有钱了。别胡闹了,太太,我的选择才是重要的,才有优先权!问题在于我们筛选多样性的过程是系统内生的。在这里,选择的自由早已没有踪影。那么,与之对应的多样性放大装置呢?如果说,不使用放大装置的表面理由是成本太高,真正的原因则是,这意味着要重新设计一切,即需要拆除原有的多样性筛选系统,安装多样性放大装置:它们可以有效运作,实现必要的多样性,使系统获得合理可行的弛豫时间,因此而使社会达到某种稳态。

我已经列举了三个可以用来放大多样性的工具:电脑、远程处理,以及与组织效率科学有关的技术,我称之为控制论。我的意思是说,我们并没有真正在使用这些工具。但每个人都仿佛很肯定地说:"哎呀,我们不是在使用它们嘛!"麻烦的是,我们正把它们用在方程式错误的一边。我们在使用这些工具时,忽视了系统内部多样性的自生性,以至于大大地提高了系统内在的多样性,而正确的方式是放大可调整的多样性。结果,我们根本不待见这些倒霉的玩意儿。

如果我们现在讨论的这些运转不灵的组织要去购

第二讲 被忽视的现代化工具

买一台电脑,会出现什么情况呢?新设备"成本"高昂,除此之外,它们费尽心思地用新设备做着与之前一模一样的老事情。我们都知道,老一套已经失效。一家著名电脑制造商为自己的新电脑系列制定了一个促销口号,告诉客户:不管你现在有什么系统,只需要打包,存好,呼啦一下,就搬进了神奇的新机器。

财务主任觉得这真不错。他过去吃过不少苦头,领教过安装新的硬件如何产生巨大的软件费用。对,这不是第一次花钱买新设备了!但是他始终没有明白,创造奇迹的机器还没有被发明出来呢。对组织的不良影响已然不可避免:现有的不稳态变得更加不稳。一旦了解了多样性概念和阿什比多样性法则,这一切都变得显而易见。电脑可以产生无数的多样性,它们却被塞进一个当初靠100支羽毛笔来对付的老系统中。结果,组织的处理过程大大超载,就像海浪水花四溅、溢出,最后就是灾难性的毁灭。我们听到了些什么呢?从来没人会说:"对不起,我们并不真正了解电脑的角色,花了很多钱,反而加剧了不稳定性,把事情搞砸了。"我们听到的是:"对不起,但这不是我们的错,是电脑的错。"

请原谅我的鲁莽,我对电脑相当熟悉。我可以坦率地说,电脑从不犯错,只有人犯错。写电脑程序的程序员犯错,组织程序编写的系统分析员犯错,但这些是专业人员,他们很快会纠正自己的错误。我们所要找的是躲在所有这些问题背后的人,这些人是体制之所以如此的原因,他们不懂电脑的真实用处,他们把电脑变成我们时代最大的生意,根本不理会其社会后果。这些人才是犯错的人,犯了错还不自知。至于普通公民,他们完全陷于困境——这正是为什么我如此愤怒。老百姓被误导,不假思索地把麻烦的来由归于那些不能自辩的机器,而真正的罪犯却逍遥自在。老百姓于是认为电脑又贵又危险又不中用,是对自由和个性的最大威胁,而事实上,电脑是他们的唯一希望。所以,说这些人卑鄙,实在不算过分。

我们没有时间在此分析另外两个多样性放大装置扮演的错误角色,这些不妨放在后面继续讨论。我们说到电脑不仅未能物尽其用,反而加剧了不稳态,甚至导致灾难,这大概令你感到难过,同样地,我们曾经对电信技术的发展怀有希望,最后却也失望了,而控制论技术的误用,则把原本就糟糕的各种计划变得加倍地糟糕。

但我们已经受够了！我希望，与其听更多负面消息，你会更愿意来听听我们能够为此采取什么行动。在后面的三场讲座中，我们会关注处理多样性的建设性策略。让我们从讨论国家本身开始。这样做颇为大胆，但各位应该已经明白，我认为我们都是个体无法控制的大系统的俘虏，我们需要了解它。因为，只要我们还有民主的形式，我们作为集体就没有完全失去控制。接下来，我们会转向那唯一重要的事情：个体。他和她，以及他们的子女，都被困在这个机器里，他们必须解脱出来。如果科学不能联手政治和管理手段来解放他们，那么我的这场梅西讲座大可以放在不祥的 1984 年，而不是 1973 年的今天。就此说来，我们有 11 年的时间。坦率地说，这已经是极限了。下面这三场讲座中的第三讲会回到组织这个中心题目上来。

在我提出最后一个要点之前，我想对您说，如果您赏脸继续来听后面的讲座的话，请在我们再次见面之前思考一个很关键的问题，它是阿什比多样性法则的核心议题。请好好想一想。想想任何一个复杂的动态系统，它受什么规则的约束？它一定不断地内生多样性。只有多样性才可以吸纳多样性的说法是否成立？它又是如何运作的？你是不是确实发现，在一个成功的系统中，系统多样性一定是在减少，同时，可调整的多样性会得到放大？通常这两个变化是相辅相成的。我担保，如果你突破了文化语境的约束，这些事非常简明易通。我希望你们做的思考并不涉及高深的抽象思维，也不是要对国家层面的大事做出判断。控制论的定律是普适性的。

例如，你可以在上班的路上想一想诸如多样性、弛豫时间、稳定性和潜在灾难这些概念如何对你的行程产生积极或消极的影响。再比如，哄情绪多变的孩子睡觉的时候，你也可以做同样的练习。然后再仔细想一想，这些概念在巨大的社会组织中怎样控制了我们的生活。问一问你自己，电子通信、电话、电视怎样影响我们的生活；冷静思索一下电脑扮演的角色，考虑一下它是不是站在多样性方程的正确一方。最后，如果你做这种思考变得驾轻就熟了，我们就可以来掂量一个问题，看看我们怎样居然把这一切都搞错了。然后，你也许能明白为什么我提出必须发生很大的变化，而且我们的行动要很快，否则就来不及了。

第二讲 被忽视的现代化工具

现在到了我要说的最后一个要点了,我希望它会帮助我们理清这些审慎的思绪。如果我们运用智力去掌握多样性法则,而不只是依赖自然达到多样性的平衡(那对我们人类可能是一场灾难),也就意味着,调控力量不仅要能处理必要的多样性——大量的可能状态,还必须了解多样性在系统中的分布规律。在上班的路上,我们需要保持足够多的选择,同时还需要知道高速公路的状况,它们经过哪里,有哪些控制点,其他驾车者都有些什么习惯性动作。带孩子去睡觉的过程中,我们需要有几个得心应手的多样性放大装置,但我们也需要知道一些孩子的行为特点(让我们在此明确一下,其实我们是知道的)。没有这些已知的规律,多样性的增长会变得更加可怕,使本来已经很糟糕的情况更加糟糕。

我这里所说的规律,就是科学家所说的模型。一个模型并不像有些人想象的那样,是一堆数学公式,也不像另一些人想的那样,是一个不切实际的理想,它是一个用你的意愿表达出来的一个真实系统的实际组织。没有一个可以借以对之进行调节的系统模型,就没有调节机制,这就是问题所在。你也可以试验一下,是不是这么回事。

第二讲笔记

1687 年　牛顿在这一年完成了《自然哲学的数学原理》(*Philosophiae Naturalis Principia Mathematica*)，其中包括了他的三大运动定律。

必要多样性定律（阿什比法则）

只有多样性可以吸收多样性。

如果一个调控系统的多样性失衡，系统则不能进入稳态。假设控制器的多样性比较少，那么只有两种方法可以满足阿什比法则：一种方法是减少系统的多样性，另一种方法是放大控制器的多样性。两种策略可以混合使用。

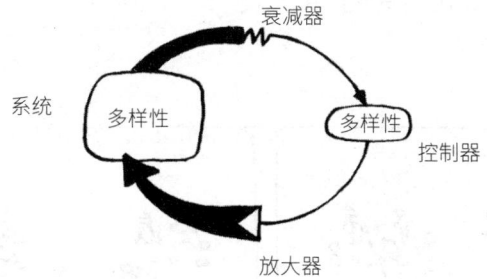

对组织系统进行考察时,往往可以发现多样性衰减器和放大器的安装错误,在多样性方程式中,它们经常被放在了错误的那边。

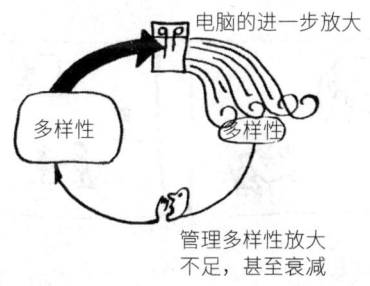

阿什比法则在百货商店中的运作

不稳定:店家的多样性少于顾客的多样性=服务不足

不稳定:商店的多样性多于顾客多样性=不能盈利

稳定:双方的多样性一对一匹配——一个客户,一个售货员

稳定:双方的多样性多对一匹配——根据占用率

电脑如何以被滥用的方式取代了羽毛笔

1873 年

公众给某个组织提供的信息很少,他们从该组织接收的信息也很少。管理系统接收的信息也很少。

1953 年

公众被要求提供更多信息,同时也接收到更多信息。老式的羽毛笔行政系统继续机械地工作。管理受到信息过量的压力。

1973年

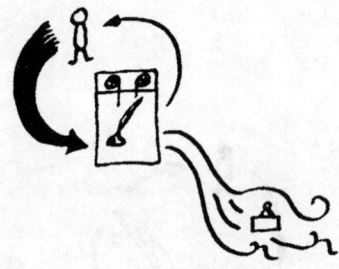

过分地要求公众提供大量的信息,但公众得到的有用信息比以前少得多。尽管系统已经电脑化了,羽毛笔式的管理模式继续存在,管理系统无法消化大量信息,趋于超负荷、瘫痪。

怎样根据控制论的原理运用电脑

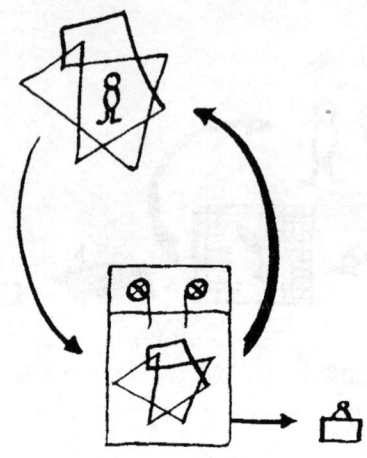

公众被视为一个系统,一个电脑内的模型。公众提供最小量的信息,电脑将这些信息编入模型。这个过程放大了帮助公众所需要的多样性,同时帮助管理者减少了多样性——因此而满足了各方"必要的多样性法则"的要求。

把公众塞进电脑模型存在明显的风险,因为回路可能会被某个政府或别有所图的管理者滥用。但无论如何,我们必须记住控制论中的一个事实,那就是,调节器运转的前提是它必须包括一个可以被调节的对象的模型。大多数组织的失败是因为它们的模型本身是有缺陷的。

比起民主选举的政府应该公开地、在法律保障下建立这样的系统,私营机构却能够在无人知晓的情况下建立它,这也许更让人担忧。

第三讲　自由机器的样机

DESIGNING FREEDOM

多数机构以国家为中心进行运作，但这种情况正迅速改变。有时，国家主权割让给超级国家集团；有时，小国事务在很大程度上受到强国行为的制约；更有甚者，国家主权已然让位于操纵它们的巨型跨国公司的世界观。

怎样才能引入科学分析，把这一团糟的全球事物纳入一个有效的系统，我感到难以想象：看起来相当困难，除非联合国痛下决心。但是，我一直认为，借助现代通信的力量，任何一个国家都可以想办法为自己做出努力。多年以来，我不断就此写书、进行演讲。具体地说，我的观点是这样：政府这个巨大机构全部的运作目的，它的整个业务，就是要代表自由个体的利益来操纵国家机器。但是由于前两讲中所考察过的那些原因，这部机器运转不灵，危害了自由，世界上的每个国家都或多或少受到了影响。因此，我提议，让我们重新设计这部"自由的机器"：不是把它设计成一个静态的、有限的实体，而是设计成一个动态的、输出自由的、活力可行的系统。从前面的两次讲座中，我们知道，这两个概念完全不同。

那么到底问题出在哪里呢？其实，一旦我们发现科学方法可以解决有效组织方面的问题，一旦我们了解了多样性的基本定律，就没有必要对现实中虚张声势的门面功夫感到焦虑了。我们说，国家机器的运转可以基于百货商店的运营模式，而且两者遇到的难题非常类似，是不是有失敬意呢？也许换一个说法更好听？其实，从科学上来讲这些根本无关紧要，因为处理多样性的模式，或者说模型，是完全一样的。要更准确地表达概念，我们也可以说，这两种组织机构能够"映射到"同一个模式图上，这样也许听起来更舒服些。因为，很幸运，这里的"映射"在数学上正好有我们所期望的含义。模式图属于模型一类，它代表了相当程度的多样性削减，而其中重要的元素则被保留下来了。

政府由它的各个部门来执行庞大的多样性削减任务，就像百货商店一样。而正如百货商店，它也需要各种事务当前进行状态的信息，它其实比商店需要更多的信息。但那无关紧要，两家机构都是在分配必要的多样性，而正是这个过程应用了同一个模型。该模型还告诉我们，系统的弛豫时间必须小于震荡之间的平均间隔时间，否则系统就不稳定，就会开始出现危机。我们看到了百货公司处理这个问题的方法，我们注意到，如果弛豫时间太长，就会发生灾难性的崩溃，其征兆就是客户的遗弃。然而，如果政府机构进入那种情形，其征兆则比较难以辨认。因为"客户"不会轻易跑掉。也就是说，基本上不会出现全国人口收拾行李、大规模移居的情况——那可是相当令人沮丧的决定。何况——如果玩世不恭地说一句——人们未必能想得出有什么比自己的祖国更值得信赖的地方可以集体移民。这个问题相当常见，事实上它是普遍存在的，这也正是为什么它如此重要。

那么，我们如何着手诊断这个问题呢？在政府内部，进行多样性削减主要有四种方式。第一种方式的思路是，国家由一个个政府部门组成。至少，我们应该尽量美化政府头脑里的这个模式，虽然老实说，现实和设想并不是那么匹配。举例来说，老年事务部是很久以前创建的，本来它应该去分配、影响国家机器中相关的多样性变数生产器，但后者却改变了老年事务部的性质、重点和运转速度。所以必须建立一个新的部门，去处理新产生的多样性，就像我们百货商店的例子一样。但是，政府的这一措施效果欠佳。对于商店来说，它改变了其日常运转的重点，改变了部门的设计，少量过剩的多样性品种由新建的信息部吸收了。然而，政府却没有太大变化，事实上，它是极端不灵活应变的，在我看来，这是因为它已经不能辨认稳定状态了。因此，一旦政府管理中产生了新的多样性，情形就相当严重。当前环境的大问题就是一个相当好的例子，它是各个方面缺乏多样性管理的总后果。不难想象，新的部门常常处于老部门地盘的夹缝中，同时，老旧部门常常是新部门的组成部分，这些都使新的部门踟蹰难行——这种情况发生在每一个国家。屡见不鲜的现象是，政府中所谓的变化并不涉及实质的改变。

第二种多样性削减方式是每个部门对它的从属单位从企业的意义上负责。以经济为例，工业被划分为各种产业，各产业又划分为产品、投资、劳动力，等等。这种模型本来没什么问题，但是我们现在意识到，这一模型把组成单位当成实体来对待——产品、投资、劳动力的实体，而它们并不是实体。这些组成行业及公司都是动态的活力系统，刚才罗列的项目都是它们连续可变的输入和输出。事实上，这些系统的输出正是对我们兴趣所在的最好描述，因为输出从很大程度上决定了输入。如投资（这听起来像是输入）、原料（听起来也像是输入），是被系统输出的大小和形态吸引到该系统来的。总之，这些都是我们正在处理的问题。同样显而易见的是，用静止的多样性削减方法来处理连续变量的多样性是不明智的，把连续的变量多样性划分为任意的时间段（如季度、年度、五年计划）也是不明智的。企业的本质是它在持续的时间中不断输出和产生多样性品种的方式。我们需要观察连续的时间过程中显示出来的趋势，即变化、渐变、阶梯函数的速度等。所有这一切都是必要的，因为我们作为政府，必须留意动态系统的**相互作用**。然而，我们现有的模型当初被构建出来只是为了通知股东，让他们放心，知道政府会妥善保管他们的资产。所以，这些旧模型不能与现实相互匹配就不足为奇了。

在这些不再适合现实的部门中，低变数多样性的模型生产出一些静态数据，它们被人为地分割成一些时间段，然后归纳成数据汇总报告，这就形成了第三种多样性削减的方式。形成这样的数据汇总主要有两个原因。首先，部长们不能处理系统所产生的原始数据，即使其变数多样性已经被削减过两次也不行，他们的大脑没有与此相应的必要程度的多样性，数据非得经过汇总。另一个原因是，我们需要数据汇总来保护商业秘密，否则人们就可能从数据中轻易发现竞争对手的最新动态。一家公司如果生意足够大，区域性足够明显，就很容易在官方统计数字里露出端倪。即使如此，这两个原因也并不能合理地解释某些报告里的那种总结或平均，那种形式的数据汇总完全掩盖了原始数据的微妙细节，而那正是调控一个动态系统所需要的必要多样性信息。试想一下，一个医生打电话询问住院病人的情况，护士告诉他，"在过去的一个月，他的体温平均为 98.4（华氏）度"，或"昨天你的 30 例患者的平均体温是 98.4 度"。这样的报告显然没有什么用处。这些陈述可能是事实——其实，如果不是 98.4 度才奇怪呢。医生不能一个月整天盯着温度计，所以就需要某种形式的数据汇总。但是，决定做什么样的数据汇总，则是控制论的论题，而不是经济学的论题，更谈不上是管理学的论题。

政府信息的第四种多样性削减器是目前最危险的，它是收集数据、进行各种削减的过程所造成的时间上的延误。时间延误如何造成多样性削减呢？这是因为，今天的现状包括了之前所有信息的总和，而最近时段的系列数据无疑最为重要。延迟的信息报告没有最新的部分，因此也就是砍掉了现状所隐含的多样性品种中最新的一半。这就意味着，政府没有得到必要的信息去及时处理当前事务。经济统计学家经常谈论官方资料的"时效性"，这是应该的。但我要像以前那样，纠缠于概念上的一些不同点。所谓的"到去年6月为止的统计表格"，以不同程度的过时为特征。我要赘述的是，政府对某个情况的行动反应是针对已经过时的统计报告做出的，这种报告反映的通常恰好是一个经济兴衰周期运行一半时的情况，因此，政府会发现，多数情况下，其行动恰好适得其反。（我说的是"恰好"，但我相信，这两个事件实际上在动态系统中有着固定的关系，时间上的错误关系决定了行动的时机，使之正好锁定在经济周期的错误部分。）

以上我们举出了这四类多样性削减方式的一些问题所在。当然，我在政府的朋友会咕哝，说我没有说出什么新东西。他们会说，这不是老生常谈嘛。但我相信，我是以新的方式来考察、解释这个熟悉的问题，从而使得我们能够采取一些行动来解决问题。我们有快速通信，但它们没有被调动起来；我们有电脑，但它们正忙着重复旧系统的工作，实际上得用更长时间来完成以前的工作。现在再来看一下我们的诊断。当政府机构被合并时，我们面临严重的多样性削减的难题，不得不通过非常粗略的方法来处理。这是因为，当时我们的所有设施都是低变数设施，我们没有带有远程终端的电脑。而现在，我们有这些工具了，却对它们视而不见。这些高变数多样性的调节器往往被用在了方程式错误的一边：不是用来应付由动态系统产生的高变数品种，而是用来接收那些来自糟糕模型里的过度削减的多样性品种，加上一个时间差，再用来制造政府内部的多样性品种。也就是说，部长可以随时订制一套精心整编、经过复杂数学计算的数据组，但是，它们是电脑产生的多样性品种，而非现实世界的多样性变数，它们毫无意义。我们正在利用我们强大的工具来美化、自动化那些我们早先用肉眼、大脑和羽毛笔成功地操纵过的有限流程，而我们的新工具被发明出来原本正是为了取代这些流程的。

我们的头脑中有了这个诊断，采取行动的处方是不难理解的。首先，我们需要更好的经济元素模型，而且必须是动态的模型。这只意味着我们需要一个动态的多样性模型，其中经济元素之间持续地相互关联。它不是律师和股东的资产负债表，不是会计和经理的盈亏账单，也不是经济学家心爱的输入输出的数字矩阵，这将是一张简单的流程图。其中，变数多样性的品种是由流线的相对粗细来表示，对多样性流量进行处理的过程用方框显示，方框的相对大小则代表其作用的强度。系统中的时间滞后应该被显示出来，而这最好是通过动画流程图来展现，其中不同的线路以不同的速度流动。

这一切都很容易，可以在任何公司里推行。有趣的问题是，事情应该谁来做？我们的技术主义文化马上回答说：工程师团队，或会计师，或运筹学专业人员。不过，我不这么认为。这没有必要。再说，这些人并不真的对创建模型感兴趣。真正知道工作流程的是什么人？是那些身在其中的劳动者。如果他们的兴趣可以被调动起来，用以建立出公司实际运行的总模型，我们就做到了真正的工人参与公司运营，而不再是停留于口号。

请注意有关实体和动态过程之间基本区别的再现。一家公司都是通过什么方式来给雇员以业务参与感？我们见过静态的工作委员会，其特点是每次会议都设有固定的讨论议题；我们见过静态的内部刊物；我们见过在各个生产部门静态的展览台里面，陈列品可怜地聚集着灰尘。这一切都在一定程度地脱离了现实，因为它把生活和工作的动态系统冻结在了它的轨道上。

下面我们再设想一家公司，它通过一个控制中心来运行。其中，动态流程图连续地反映着外部世界，数据不断输入，形式一致，并有电脑不断地监视所有的多样性。这样一个概念很接近操纵战舰或者电力系统的情形，但是由于某种文化上的原因，这样去运营经济听起来很异类。是的，尽管我们一直都在讲公司，我并没有忘记我们还是要讨论经济的管理。事实上，整个政府所掌握的工业活动整体可以划分成一些板块，就像拼图，那些板块代表部分经济部门或者各个产业。如果这些代表板块不清楚，建成后的总画面也必然是一团模糊。而且，拼图里还有拼图，每个产业内部的小片拼图就是它的组成公司。所以我们必须

第三讲 自由机器的样机

从正确的地方开始，公司的图画必须足够清晰，才能构成该产业的清晰图画，各个产业的图画必须足够清晰，才能组成一幅清晰的工业经济图画。显然，人们要问，一家自主的公司是否会同意在这样一个前提下合作呢？对此问题的回答是，政府有很多诱饵可以用来获得所需的信息，而最大的诱饵就是，产业部门若不主动提供及时而有用的信息，它们就不可能期待政府施予同情或回馈恰当的待遇。

下面，我们可以看看这样一个整体经济模型。它是由动态系统的简单模型所组成的系统单位的集合，装配在一起就好像一套中国套盒。每个盒子被称为一个递归的水平，因为我们正在做的是要复制一个可以调控的系统单位，在每个递归的水平上使用相同的元素与相应的多样性品种进行调整。必要多样性的规律必须在每个递归水平上得到满足，才能达到稳定。信息在递归系统里不断上下传递，在其相关水平的控制室里以合适的形式出现。

现在来看看时间滞后和数据汇总的问题。我们其实不用去承受这些麻烦：收集过期数据，用电脑去对它们进行调整，再在多样性方程的错误的一边进行多样性扩增，我们已经魔术般地解决了问题。我向您大力推广这样一个概念：与其解决问题，不如让问题消失更好。如果时间延误是一件讨厌的事情，干脆就不要让它出现，可以使用远程信息处理工具以消除滞后。如果数据汇总是一件讨厌的事情，干脆把它去掉，直接用电脑来巧妙地削减多样性。

我意图为您创造的经济学愿景就像我们自己的身体一样。神经从大脑也即政府的控制中心延伸到全国各地，不断接收信息，也就是所谓的实时控制系统。政府有什么必要去应对去年夏天的问题？那些问题，无论如何到现在都已经这样或那样地解决了。那么，这是否意味着政府将被它不能处理的大量数据给淹没？当然不是。我的大脑和你的大脑在这一刻都在接收感觉输入，这间房间里的一切都登记在案，这是很好的，因为我们可能需要对付突如其来的事件。但在没有这种需要之前，我们的大脑会自动检查所有不相干的输入，并把大部分信息*过滤掉*。

这就是我的意思，就是说用电脑在多样性方程正确的那一边去处理多样性，它们要接收各种形式的输入，自动削减多样性，结果使得凡是送到控制室的都是**最重要**的事情。现在我们可以告诉我们的大脑,对我们身体最重要的是探测出那些和正常情况不一样的输入,把其他东西都归到已经了解的信息一类。输入值会上下波动,这是当然的,但是它们都会在一定的范围里进行波动,如果有电脑,那么这个范围可以用或然定律连续地计算出来。所以为了辨认什么因素最重要,电脑必须进行非常复杂的计算,对每个输入的数据点进行这样的计算,并做出评估,确定是否有出现新情况的可能。在绝大部分情况下,什么事情也不会发生。这样的情况下,输入的信息就简单地被去掉了,扔掉了,并不需要存储在我们经常听到的庞大的数据库里,因为它们并没有重要性。我们已经从我们的基本模型中知道了普通的变化是什么,当输入信息就在这样的范围之内,显然就没有什么要紧了。除非你在电子储备行业持有股份,或者你正在创建一个官僚事业,否则你不会觉得有什么原因要保存这些数据。而且如果你对自由特别有兴趣的话,你会找出各种理由把它们去掉。

现在就可以比较清楚地看到我为什么会做出那些关于费用的评论。一想到用电脑来掌控经济运行,传统文化会自动地在你的脑海中投射出一个占地数亩、无比昂贵的仪器的画面，其实这并不必要，我们所需的不过是一台普通的电脑，一套可以进行电子数据处理的界面，把电脑和国家之间，电脑和控制室之间连接起来，再加上一个非常聪明的软件。花销主要来自软件，而非占地数亩的硬件，因为软件需要维护，也需要工作人员来运行它。如果调节模型在每个经济递归水平上都类似，因为控制论模型可以互相匹配，那么一套软件就够了。

现在，我们可以想见，控制室和其中的决策者以共生的关系共同行动，像大脑一样去掌控经济运行。神经持续地把信息输入至大脑和它的计算叶，也就是对变数多样性种类进行筛选的地方。适用于各个递归水平的基本模型——这是一幅动态的流程图——也就是所有讨论的焦点。由电脑产生的各种报警信号不断更新，这些信号提醒决策者征询更多信息，他们可以利用电子存储把信息投射到荧屏上。如果他们真的要进行严肃的决策，就会激活动态系统的模型，用新的信息和数据去测试不同的政策，快速进行模拟。

你可能知道，电子模拟可以瞬间完成一个跨越

10年的前景估测。我们可以改变策略，然后看看结果有什么区别。这就是说用实验的方法来测试经济策略，在控制室中做实验，而用不着拿我们可怜的古老民族来瞎折腾，10年之后才发现我们的策略是不对的。我们现在就可以做试验，测试十几种不好的策略，在午饭之前就把那些测试结果不好的策略摒弃掉，而不会伤害任何人。午饭之后，也许我们就会找到一个好的策略。

没错，围绕仿真模拟技术存在很多争议，这主要是因为输入的数据是不充分或是滞后的。面对那些低变数模型，还有数据汇总和时间延误的各种问题，我们能期待什么好结果呢？但是如果我们**重新设计整个机构**（这是唯一的方法），所有这些矛盾都会自然消失，输入模拟系统的数据也将是及时、重要、符合现实的。

显然，这只是对我们所提倡的方法的一个简单描述，其他地方有更全面当然也更加冗长的描述。对它的最根本的批评有四个方面，一是说这不再是一台自由的机器，它意味着个人自由的死亡，我稍后会讨论这一点，因为它太重要了。我请你把结论和判断暂时放在一边，先听听我的辩解。

第二个批评是相关的，但仍有不同。它说，这种整体管理国家的方法预设了这样一种权力体，其中，国家机器拥有，或是很大程度上会干扰工商事务。这种说法是混淆了国家机器和国家政策。我完全不是在讨论政策本身，更不是在讨论某一种政策。我只是在讨论任何要去执行管理任务的国家所必备的国家机器。我的提议是，这个机器必须能够运行良好。在某种程度上，每个国家都需要调节，每个国家都需要控制。简短地来说，它要执行管理。我的提议是关于"如何"管理，而不是干预的程度。

第三个批评是说，这一切太简单了，真实生活比这要复杂得多。对这个意见最诚实的回答就是捧腹大笑。我们在这里所提的是足够简单，一旦你知道了控制论的定律，就很容易理解。但是如果没有那么简单，不能被理解，那么说了半天又有什么用呢？再说，它和真实生活要接近得多，比我们现在的体制好多了，因为它是一个动态的而非静态的系统，不是一个个实体的集合：因为它确实可以用科学的原则来处理多样性变数。而现行的体制无法做到这一点。

请注意，一旦你开始使用系统性的方式进行思考，你需要的信息就会比以前减少，因为数据在系统的模式里被合成了。这和前面的批评相关，因为我决不期望一家私人的公司会提供比现在更多的信息，很可能会比现在更少。当你来到医生的诊所，说"我感觉糟透了"，为什么医生不需要把你的身体撕成碎片，测量里面所有的东西？因为医生有一个很好的人体模型。他知道了你的体温、脉搏和血压，检查了你的舌头，观察了你的眼圈，就已经知道大概了。运用一个良好的递归经济模型，我们应该达到同样的效果。

比较讽刺的是，第三个批评说一切都太简单，第四个批评却说这一切都太复杂，你永远做不到，或者需要20年才能做到。也许，你已经注意到，我今天对这种策略的描述表现出了一种力量和信心，也许，你会觉得这样来描述一个展望有点突兀。事实上，直到两年前我都非常温和，采取试探性的、甚至有点抱歉的态度。但是今天，我已经不再猜测了，因为所有的基本工作都已经完成。

也许你还记得，我前面描述过我在智利准备这些讲座。它听起来像一次度假，事实并非如此，甚至正相反。两年以前，阿兰德（Allende）总统邀请我去为智利人民建立这样一个系统。这并不是一个富裕的国家，但是可以担负得起我们需要的所有设备。例如，我们使用了普通的电子反应器，而不需要电子处理器。即使如此，我们还是做到了。在18个月内，我们准备好了刚才描述的所有工作，就差进行经济运作了。

在剩下的几个月当中，我们在培训工作人员——这些科学体系就是为这些人所建立的，我们训练他们如何使用当前设计上最先进的工具来进行国家经济管理。他们可以和经济部部长坐在圣地亚哥经济操作室里观测动画屏幕，并讨论聪明的电脑每天给出的提示和警报信号。工作人员的椅子上有按钮，这样他们可以操控其他屏幕——支持性数据可以达到1200种不同颜色的显示，通过16台后备投影机投放到屏幕上。他们也可以操控正在进行中的模拟实验，在一个巨大的动态的能动系统中进行的实验。这些人和他们的科学联手，旨在成为整个经济的决策者。

大家都知道发生了什么。1973年9月11日，萨尔瓦多·阿兰德在血腥的事件中死亡，这件事对人类的影响，今天是无法估量的。但我可以郑重指出，智利的整个人文事业遭到了严重的打击。有关我在自己的工作中学到的经验教训,我想提四点:首先,运用控制论的理论和实践重新设计国家机器完全有可能,它并不是疯狂的梦想;第二,拆除官僚机构的道路很漫长,我会进一步在这些讲座中讨论实现变革的主要问题;第三,行动的可能性为我们的下一次会面提出了一个紧迫任务,也就是讨论科技进步对于人类的状态和自由的影响。

由此进入我要说的第四点也是今天的最后一点。个体自由已然丧失,至少在智利情况如此。我认为我知道它是如何发生的,但它肯定不是因为人类成了技术的牺牲品。对我来说事情非常清楚,我所描述的一切都在两年当中做到了,**但这还不够快**。当我在起草这些讲座时,我提出假想,说也许我们的国家机器行动不够快,不能避免灾难的发生。我记得,我当时在想,我也许需要为自己辩解,因为我的警报好像有点过早、过激,有耸人听闻之嫌。但现在,你们还会指控我耸人听闻吗?

第三讲笔记

不同的系统

可以映射到

同样的模型

在此过程中,那些对于眼前目的不完全必要的变数就被牺牲掉了。

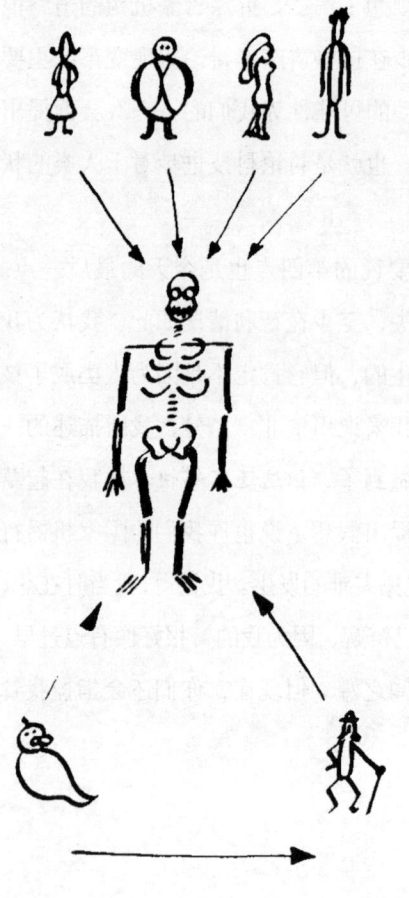

这张图表示一种不包含实际改变的变化。

1. 由各部门管理的国家模型

（非常粗略地）映射至国家多样性的百货商店的部门模型

随着事情的发展变化，会产生大量的变数；

这些大量的变数就卡在新的还不完善的机构那里。

与其建立新的机构，不如重新设计整个部门结构，以适应未来的变化。

2. 经济体系内的企业模型

对重要指标的武断选择以及时间分段遮盖了很多重要的变数。

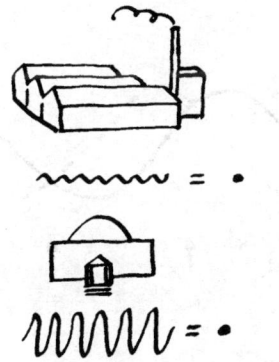
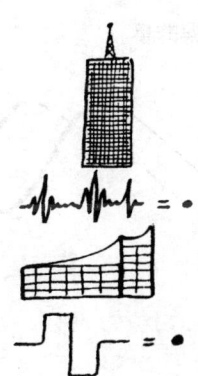

3. 统计信息的不断汇总

4. 信息输入时的时间滞后

虚线表示的是我们所观察到的经济指标的移动,它不仅在时间上滞后,而且提示出,当我们根据不适当的模型对最重要的变数做出应对的时候,可能恰好在做错误的事。

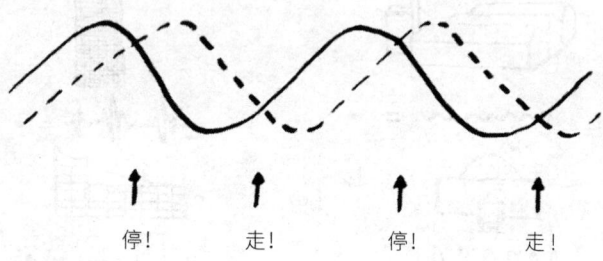

第三讲 自由机器的样机

四个递归水平;同一个模型;同样的电脑系统。

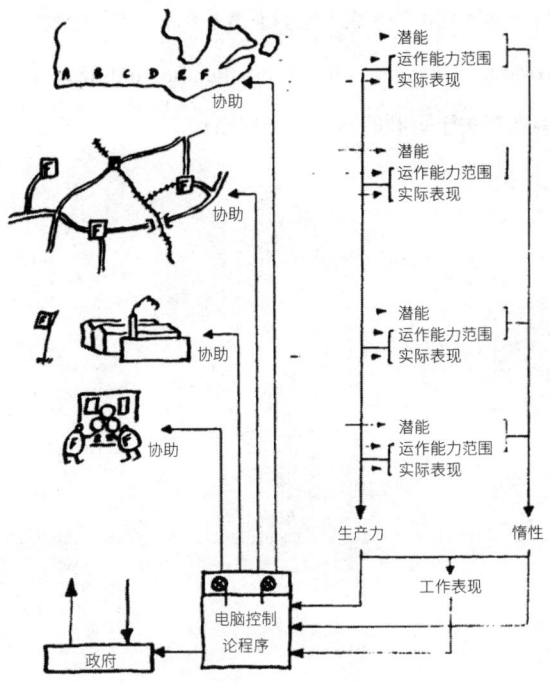

作者的另外一本书,《公司的大脑》(企鹅出版社,艾伦·莱恩分社,1972年)(*Brain of the Firm*, Allen Lane, The

Penguin Press, 1972）中描述了用这种模型来管理控制论的详细内容。

另一本《变化的平台》（约翰·威利出版公司，出版中）（*Platform for Change*, John Wiley, Pending publication）[1]的末尾则有关于智利的这方面的应用。

---

1 本书已于1995年出版。——译者注

第四讲　为人类服务的科学

故事发生的地点是一个小机场,旁边的度假村刚刚举办了一场有关自动化的周末会议,对象是高级商务人士。大家正要回家。一位排在我前面持有机票的男人惊恐地发现,他要上的那班飞机已经满员了。"我很抱歉,"柜台服务员沉着地安抚说,"弗莱维航空公司的所有航班都有麻烦——他们的电脑出了错。"小小的机场候机厅顿时安静下来,每个人都在侧耳聆听。排在几个人后面的一个高个子男人往前靠了靠,大声地说:"请原谅,年轻人,我是弗莱维航空公司的主任,我们根本没有电脑。"

有人笑了,但是整个气氛变得非常尴尬。我并不认为这是因为柜台服务员为了圆场撒谎被当场揭穿造成的。正如我在第二讲中所讨论的,电脑代表邪恶,人们比较害怕它,所以不大可能去寻求它的帮助,不大会要求用电脑来重新设计社会体系。在这个事件当中令人尴尬的地方也同时意味着害怕电脑的巨大阴影是存在的,否认这一点是一种危险的行为……

这一讲的题目是"为人类服务的科学"。如果这样的声明会造成任何怀疑的话,我会非常惊讶。科学服务人类这个口号,提得响亮,提得彻底,但是今天,我们该花点时间来考察一下这个说法了。我并不是要大家来权衡核武器的好处和核战争的危险，或在控制细菌以利医疗和使用杀虫剂却危及生态之间取得平衡。这些争论显然会提出社会不能解决的矛盾，因为这些矛盾是从高变数动态系统中产生的，而产生这些矛盾的基本体制并没有被仔细考察过。

科学作为人类的仆人被推销给了大家，却是为了错误的原因，用的也是错误的方法。让我们从财富的源泉，也就是生产力来开始讨论。在这里，科学提高了效率。我不必来为您叙述工业革命的历史，讨论批量生产线和单位生产费用的下降，我也不用得意洋洋地推崇产品的极大丰富，我们要认识到，所有这些成果确实造成了工业劳动力的异化，这也是许多人正面临的问题。所以，社会科学学者们如今正急急忙忙地想恢复工作中人性的成分。而第三世界国家，当前他们正忙于努力在世界上有限的资源中争取自己的一席之地，而他们数以百万计的人口则会在未来面临这样的难题。事情有点不对劲了。

我们再来看看第二点，关于科学是消费者的仆人。我们都同意，节约劳力的各种各样的装置是科学技术的产物。汽车把我们带到了郊外，与此同时，我们和其他人的会面也都成了汽车里的会面。众多的家庭自动化装置把家庭主妇从繁琐的劳动中解放出来，而她们也成了效率的牺牲品——家庭问题越来越难解决，解决费用也越来越高昂。在同样的家庭里，看起来一切都正常美好，但她和年幼的孩子、和电视整天待在一起，常常觉得被困住，变得焦虑、忧郁。这里，同样地，似乎什么事情有点不对劲了。

正是在这样的工作和家庭环境下，科学技术不断地推动着一个过度消费的社会，因为这是我们的经济机器唯一可以推动的。我的意思是这种成长是今天的社会所要求的，应用自动化、标准化、低成本使得更多人有机会消费更多的产品。但是很不幸，与此同时，物质产品的内在价值也在令人瞩目地不断下降。因此就需要说服人们，说这是他们需要的，这是美好生活所必需的组成部分，这就是科学对人的服务。但是我相信，事实证明，一味消费的社会是人类异化的最大诱因。对毒品的大量消费，无论是合法还是非法，就是一个证明人类异化的有力指标。至此，我们可以看到，有什么地方确实出了问题。

我们这个简单分析是想说明什么呢？它是说，科学服务于人是一个幻觉，因为科学正被用来摧毁人类，最典型的方式就是摧毁人性和生活之乐。同时有觉知的人们已经意识到，在一个资源有限的地球上，集体富裕是一个虚幻的目标。我们少数人所获取的不断升级的繁荣，是在以那些永远得不到它们的人的生活为代价。随着异化的增加，人们会抵制更多科学的使用，常见的那种用电脑和电子通信的新方法来对付老问题的用法，结果经常造成大众近于歇斯底里的反应。我是在讨论公民电子档案，或者我前面所讲过的政府控制系统，要点就是，只要社会继续在现有的路线上被电子技术牵着鼻子走，这种恐慌是有一定道理的。但是，如果我们的社会机构要摆脱其灾难性的不稳定性，这样的新系统毫无疑问是必要的。

就是说，必须用一种新的方法来使用科学。我能看到的只有一种方法，那就是：把科技从那些掌控发展项目资金的人手中夺回来，还给大众。在科学家和技术人员自己看来，他们的职责所在是服务于大众的，可现在他们都成了高级的机器，被那些有经济控制权的人当成使用工具。技术主义就这样产生，而我们其实已经离它非常近了。

上述解决方法是否可行呢？毕竟，拥有权力的人是不会乖乖地把它交出来的，何况其中还涉及大量的金钱。我的回答是，这在民主社会中是切实可行的。也就是说，如果我们能将重新设计国家机器这个要求很清楚地提出来，我们就可以做到它。这个过程，可以先从解开围绕科学的神秘面纱来开始。对一个最普通的公民来说，这是一个很好的推理练习，可以独自思考，也可以与人讨论。

> "在人类历史上第一次出现了这样的情况，即：科学可以做我们要它做的事情。也是第一次，我们不必变成科学家才能了解科学的能力。也就是说，我们不再是在技术的仁慈下过日子，我们的工作是开始定义，提出我们的要求。"

为此，新的系统和渠道必不可少，但是，它有赖我们把它建立起来。电视是干什么用的？它真的是老电影的纪念地吗？它是专门用来让思维静止的动画墙纸吗？电脑又是干什么的？是用高昂的费用来制造愚蠢错误的机器吗？控制论可以用来干什么？有效机构的科学控制论又可以干什么？我们应该站在一旁抱怨吗？应该等待枭雄跑过来取代、控制我们的命运，来奴役我们吗？一个电子的时代即将出现，这些现代设备无一不是用来创造一个新的自由社会的有效工具，好好使用它们的时机已经到来了。

说到费用，问题来了：谁来支付？其实，我们已经在支付了。因为政府的整套运作由税收和通货膨胀支撑，而公司的整套运作是由消费者的超额支付支撑，无论公开上市的公司或是私人公司都是如此。然而，起码在我看来，作为纳税人和消费者，公民对于什么项目应该做，什么不应该做完全失去了控制权。他们至多可以试图阻止他们不喜欢的项目，扮演一个防卫者的角色。但是这是一个非常困难的角色，因为他们并不拥有必要的多样性资源。任何跟公共服务部门打过交道的人都知道，官僚机构能够把自己的多样性变数无限扩大，可以扩大对时间、金钱的使用，可以进行专家咨询——对于一小群民众来说，这一切都是不存在的。

显然，我是在当今社会所熟悉的科学技术的表面以下进行挖掘探索，以发现科学潜力的新层次。今天的社会在科学应用上的所作所为是带有威胁性的，它们造成压迫，导致异化。而正确的应用应该是**解放性**的。我深知，拥抱这样一个概念需要勇气和决心。风险在于，一旦人们预感到前路艰险，就可能避之不及，不愿面对这项困难的事业。然而，我想指出，那不是退缩的理由：如果我们的祖爷爷辈突然置身于一个现代的家居和街市环境，他们会感到很安全、很容易吗？

我们经历了三代人才适应了在家居环境里使用致命的电流，学会了在公路上与致命的卡车为伍；相反，这些讲座里所讨论的发明和发现，我们只经历了不到20年的时间，这样看来，我们的适应能力尚未发展完善就毫不奇怪了。人们可以操纵汽车，所以对汽车感到安心，但多数人还不懂得操纵电脑，于是对它深感不安。有趣的是，大部分驾驶汽车的人并不真正了解汽车是怎么运行的，但这并不妨碍他们对汽车的信任；而同样的对电脑运行的不了解，却导致了大家对电脑的不信任。

就此，我们看到在控制论的视角上，个人的快速适应问题与机构的快速适应问题很相类似。现在，让我们用刚才所学的语言来分析一下现代个体,因为这其实正是一个有效组织的问题。

我们必须面对的首要问题是要提出一个命题,这对那些深受传统文化影响的人来说有相当难度。这个命题是,人类所能做的任何事都是以大脑为中介的,而大脑是有限的。我们的头颅里是一台3磅左右、呈微碱性、使用葡萄糖的电化学计算器,运行电源的功率约为25瓦特。这台电脑包括大约一百亿个叫作神经元的逻辑运行单元,以基本扫描速度每分钟10次的频率进行运作。这是一个高变数的动态系统,但它仍然**确实**是有限的。根据阿什比定律,我们可以认知一定数量的模式,但是不能超过它的限度。因此如果有什么认知工作需要用到比大脑所能提供的变数更高的能力,我们就不能认知它了,这就回到我们原先讨论的有关必要变数多样性的老问题了。

这个问题有现实的因果效应。比如,我非常确定,我们之所以把全球生态的问题搞得这么糟糕,就是因为我们不能了解它。我的意思不停留于承认这些问题非常困难,人们需要做出大量的研究才能了解它,我的意思是:我们**不可能**了解它,完全不能了解,永远不可能。政府管理所面临的很可能是同样的悖论，特别是全球事务的管理，这些事务的有效管理可能已经远远超出了我们人类的认知能力。

甚至在一家公司的管理上，我们也可能面临同样的问题。让我们回忆一下，一个递归水平，其实也就是我们考虑任何可行系统时所聚焦的某一问题，而它又包含于下一个递归层次之中。因此，一个令人不快的想法产生了：也许，对我们个人而言，递归层次遵循着同样的道理。这也就是说，我们已经到了不能认知自己的生活和环境的境地。

现在，不管我们是否能够达到认知，不管我们是否拥有找到可行性模式所必需的必要变数多样性，我们都必须在所有这些递归水平上应对问题。因此，我们通过脑力模型来进行工作，我们进行简化，以使得我们所考虑的系统和我们的大脑的能力相配。但这样做必然需要削减变数的多样性，在此过程中，我们不能保证没有重要信息的丢失或遗漏。事实显而易见，我们必须习惯于把一些信息以某种方式删除，必须去掉那些和我们的模型不相配的某些信息。我认为，这意味着，我们讨论的所谓现实只是宇宙的某一种形式，而这种形式是被大幅度裁剪过的。或者更通俗地说，我们人类存在于大家认同的关于世界的某一个幻觉当中。

现在，我们开始畅谈神秘主义了，或者是讨论心理学或致幻剂，特别是讨论这些东西之间的关系。因为这三种东西有一个共同点，它们都自称试图处理人类共有的对真实世界的筛选性幻觉。但是我真正想讨论的观点是这样，在当今世界爆炸性的变化速度下，产生干扰事件的频率相当高，其时间间隔要短于我们的机构的弛豫时间。这也是我早先的一个假设。前面文中我指出了它在智利的现实性，我现在进一步把假设延伸到包括你我作为个体的层面上来。也许，我们正在经历变数多样性的超负荷状态，以至于无法把它们投射到任何模型上，无法摆脱大脑无法控制的摆动而获得平衡。简言之就是，也许我们的物种正面临着灾难性的不稳定性，就像我早先讨论的我们的机构所面临的危机一样？

这是可能的，我们时代最伟大的生物学家之一，维生素C的发现者，阿尔伯特·圣捷尔吉（Albert Szent-Györgyi），就持有这种观点。他完全没有提及这里讨论的那些原因，他直接得出结论，说人是疯狂的猿类，而且猜测我们是在进化的一个盲支里前行。一般来讲，我是个乐观主义者，但是我也相信要面对现实。如果你怀疑我所提倡的这些革命性的变化太极端，如果你认为我夸大了我们的机构的失败，如果你认为我所提出的那些解决问题的方法太危险，危及人类自由，比机构失败本身更危险，那么，我建议您慎重考虑下面这些新的严肃想法。

我建议考虑这样一个变数工程的问题，看看我们的文化是如何处理我们的个人输入的，因为对我来说这就是所谓自由的全部含义。我厌倦了计算机威胁人类自由的说法，这些说法指责控制论是魔鬼的工具，担心实时操控的政府管理方式非常危险，等等。其原因，我觉得，在于我们现有的所谓自由大部分是幻觉，是一种自我欺骗。我们现在面对一个新的机会，可以重新获得自由，甚至可以把它奉献给那些和我们一起走在同样危险的道路上的其他人。

请看：我们都知道，在这个星球上，大部分人是被奴役的，我是指很直接的肉体上的奴役。大部分今天生活在这个世界上的人缺吃少穿，生活在政府的淫威统治下。在这样的参照水准下,我们这些可以互相交流的人生活条件真是太好、太自由了。但事实上,即使是我们和周遭环境之间的关系,也受到各种各样的变数削减器的控制,大量的变数多样性种类被削减到大脑可以接受的程度。**我们完全失去了对这个过程的控制**。下面是两个最突出的例子。

第一个是教育。每个学生都是一个高变数的个体,而教育的过程基本上是管理和控制变数多样性的过程。换句话说,对同一个问题,学生可以产生很多种不同的反应。6乘以7等于多少?教育者会想办法减少答案的可能性范围,把它变成一个固定答案:42。但是如果我们观察另一个例子,就会发现情况完全两样。例如,一个国家的健康服务究竟应该怎样进行?学生对这样一个问题会产生很多反应。这一次我们可以预期,教育者**没有**办法把所有可能的回答变成一个答案,说:答案就是这样。我们会说,这行不通。**教育**这个词是从拉丁文来的,**e-ducere**,它的意思是"引导",并不是"填鸭"。然而,教育的过程从根本上意味着管理和控制变数多样性。任何人稍稍花点时间思考一下都可以看出,在第二个例子当中,我们希望的是可以教育学生来减少他自己的多样性，我们想给他提供找到答案的方法，而不是把我们自己的答案强加给他。

所有这些道理都是显而易见的，你当然可以这么说。但是，我们的社会是这样运作的吗？当然不是。通常，我们会把扩大器和削减器放在变数方程中错误的一边。就用刚才的例子来说，问题提出来了：国家健康服务体系应该怎样来运行？我们来看看今天的世界怎样处理这个问题：发展中国家的人被派到发达国家去学习对方的经验，但事实可能证明，健康服务并不应该这样运行。其实，在这个学习过程中，发展中国家找到更好答案的机会被那些有权势的社会的过往经验给剥夺了。再比如，我们应该怎样训练工作人员去全方位地参加管理，使得董事会可以更好地代表工人的观点？匪夷所思的是，公司选拔了一些工作者，把他们送到商业管理学校去培训。如此，变数方程再一次被颠倒了。这种方法其实是对参与者施加改造，等他们来到董事会时，观点已经和那些董事会成员一致了。且再讨论一个问题：相对论是什么？由于我们在传统上把科学神秘化，人们普遍认为，所有的技术都是非人性的，所有伟大的头脑都不可理解。这往往造成一种景象，那就是我们让 100 名学生规规矩矩地集中在一个老师的面前听讲，而这个老师对相对论的理解其实差强人意，不过是昨夜急急忙忙地写下了一些笔记，上课时勉强竭尽所能。其实，完全可以让每个学生观看爱因斯坦的影视录像，他们可以反反复复地听，直到满意为止，而爱因斯坦讲的该是透彻得多的。

啊，我知道，爱因斯坦已经去世了，而且并没有留下这些录像。我想说是，我们还要让多少爱因斯坦死去，还要容忍多少对相对论的蹩脚讲解，才能意识到应该怎样去合理使用我们的变数扩大器和削减器呢？

这个问题在教育领域里令人困惑的程度一点都不轻于在电脑应用史上的情况。原本，机器是可以成为一个真正的**解放者**的。它是一个巨大的变数多样性工具，每个学生都可以接触和运用。因为电脑有平行操作功能，几百个学生可以同时用很多不同的方法不断地询问、搜索，使用它，电脑可以提供所有必要的多样性。但现实中又是怎样的情况呢？电脑的变数多样性被人为削减了，电脑只是用来运作一些小小的、琐碎的教学程序，用来把学生调适好，让他们就某些琐碎的问题给出正确的（语录式）答案。

下面，我们来谈第二个例子，也就是出版。如果说教育制约了我们大脑的多样性，出版领域就更变本加厉，不管是纸质出版，还是无线电媒体。编辑是我们的文化所熟知的最大的变数削减器。控制论的解决方案是把编辑的功能还给个人，借助电子通信技术，通过电脑集中控制搜索录制好的信息，以此实现个体化的编辑。有线电视可以提供所有可能的答案，因为它可以控制80个频道，有足够的处理能力来提供所有的必要变数，支持一个完全个体化的教育系统。参与的人可以完全根据自己个人的发展需要来制定自己的教育计划，各取所需。

我们对这样一幅画面同样感到害怕：害怕有人可以潜入系统里面，在暗处操控我们。也许我们应该有80个可能的"标准频道"，这样就可以"把人们的选择还给他们了"。现在我要提出我的第三个也是最后一点数学概念：80乘以0还等于0。我们如此害怕运用电脑来解放自己，却让电商把我们的电子信息存储下来：我们是谁？我们的兴趣是什么？一切都记录在案；我们让他们把我们的信息与电子邮购、信用卡、广告宣传连在一起，把我们像鸭子一样排列起来大搞促销活动。比较以上两个情形，我知道哪个更令我害怕。

当我把讲座中这些最杂乱无章的部分组织在一起时，我想提醒大家，我一直在讲社会科学和个体——也就是你和我，我并不是在给社会提出解决方案，我希望把那方面的方案放在讲座最后的部分，也是我认为更合适的地方来讨论。实际上，如果我们不能正确地认知问题本身，就无法找到解决方案。在我看来，问题本身提得不正确往往是症结所在。

科学技术可能威胁到社会中的个体，这个现象是常见的，且不论一系列我们这里尚未谈及的政府自己也在想办法解决的严重问题，如个人隐私和信誉问题、恐吓勒索、都市计划难题等。但我们有选择的余地，我们尽可以祈祷政府会选择最好的方案。然而，我们这个讲座的论点与此不同，我们是在讲关于我们自己大脑的控制论。下面，让我把上面所讨论的内容做一个总结。我很抱歉我对被认为是我们人类的先进之处的那些事物提出了批评，但我们最好面对事实。

第四讲 为人类服务的科学

大脑是一个有限的工具,它是我们所有经验的中介。它有很高的多样性,但是并不足以应对一个复杂性无限增加的环境。它的弛豫时间可以处理一个有一定频率干扰的世界,但不够去保证对今天的现实世界做出平衡的反应。

大脑有一定的能力,尤其是计算的能力,是一个发展得相当好的调节系统,也是世界所知最好的调节系统。但是根据控制论的解释,从生物学、心理学、药理学、犯罪学的证据来看,大脑,也就是你和我都具有的这种工具,正在遭受灾难性的不稳定状态的严重威胁。和我们3000年之久的前科学时代的文化一直坚信不疑的恰恰相反,这个大脑并不具备无限地自我改善的弹性和应变能力。

请听我说,我要指出,这些评论不涉及存在于(或是不存在于)物理世界以外的事物。即使人类真的可以接受神的指引,我还是要小心翼翼地指出,大脑是一个有限的工具,它是我们所有经验的中介,因此这种中介的效用也是有限的。说句题外话,相比于做出"天使不存在,因为我从未遇见过"这样一个论证,我更感兴趣的一个推理是:如果我遇到了天使,我也认不出来，因为我的大脑不具备必要的多样性以做出这样的认知。

现在让我们回到大脑的局限性这一主要论点。我提出，作为个体，我们是不明智的文化传统的牺牲者，这个文化过程严重地限制了必要变数。首先，我们的经济环境促使更广泛的科学技术应用，这些应用名义上服务于人类，实际上这种服务却是虚假的。现实结果是，我们遭受着科学技术掌控者的剥削和利用，而发展中国家那些天真地采用我们的治理策略的人则处于更加不利的地位。第二，削减变数的工具实际上是教育和媒体，我们在传统上却将它们视作变数放大器，这个信念完全错了。这就像我们以为自己可以完全了解真实世界一样，都属于我们的错觉。

采取改正措施是完全有可能的，不是改变生物学方面的局限，而是去除社会方面的局限。这样做需要人们通过民主的过程来控制科学的应用。这就意味着，赋予个体和他们的政府以新的通信渠道、新的教育系统、新的出版系统。

为什么这样的建议是必须的呢？那是因为，必要变数进行削减之后产生的只是真实世界的一个模型。假使我们仍然想控制这个世界,无论作为公民,或者作为某一环境当中的个体,从控制论的角度来说,我们的调控能力一定会受到我们所采用的模型的制约。我们的文明给了我们一个明显功能失调的模式,我们必须把自己武装起来去改变它。我们无疑具备这样做的能力。

第四讲笔记

主要论点

有史以来第一次,科学可以做任何被准确描述出来的事情;

也是第一次,我们不必变成科学家才能知道科学能够做些什么;

这就是说我们不再受制于技术主义,不必让技术官僚去告诉我们要做什么;

我们的工作就是开始描述我们想要什么。

一些反直觉的控制论论点

*教育*限制多样性,因为它引导我们收窄各种可能性(即使有时也会为我们开拓新的视野)。

第四讲 为人类服务的科学

出版，也就是媒体，同样限制多样性（即使它同样有时能为我们开拓新的视野），因为它在实践中决定了我们可以接触到的选择。

技术本身并不是反人性的，尽管技术主义有可能把它变成这样。

伟大的头脑并不是不可理解的，因为支持它们的大脑有着普通人类大脑的多样性变数。但是，很多机构为了自己的既得利益试图掩藏这一事实。

大脑和必要变数

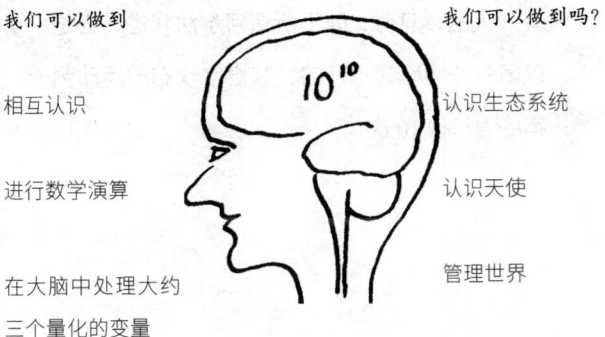

我们可以做到

相互认识

进行数学演算

在大脑中处理大约三个量化的变量

我们可以做到吗？

认识生态系统

认识天使

管理世界

大脑是有限的

大脑是一个微碱性的 3 磅重的电子化学计算器,使用葡萄糖作为能源,在 25 瓦特的电力供应下运行。它包括 10^{10}(一百亿)个计算因子即神经元,其扫描频率是每秒 10 次。

※ 为什么是 25 瓦特?

每分钟有大概 1 夸脱的血液(也就是循环血液的七分之一)流过大脑,在此过程中其温度将升高 1 华氏度,这大约需要 25 瓦特的能量。

※ 为什么是每秒 10 次?

大脑休息时,处于所谓阿尔法状态,它是以阿尔法频率为特征的,其稳定状态的运动频率约为每秒 10 次。

电子"黑手党"的威胁

买这些出版物 / 邮购这些物品 / 发表这些"公共意见"

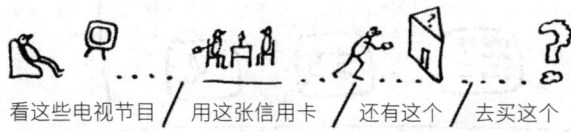

看这些电视节目 / 用这张信用卡 / 还有这个 / 去买这个

因此就变成了有这样一些敏感性和弱点……的这个样子…

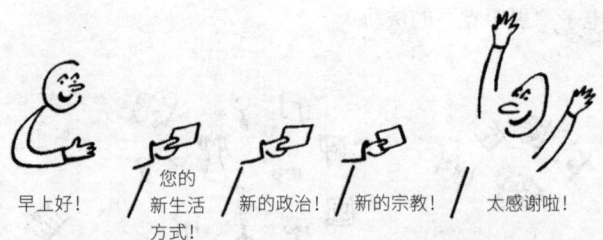

一个更好的、符合控制论规则的前景

※ 关于第 6 样东西,我想知道更多,请提供更多信息。

※ 给我看看国王普里阿摩斯的家谱。

※ 回到我刚才在新房子干的那些活儿。

※ 熵?我不懂,请打住,给我解释解释。

第四讲 为人类服务的科学

※ 在我的笔记本上做个记录,写上:今天我买了一只狗。
※ 告诉温哥华的杰克,我已经准备好了,可以下棋了。
※ 关于贝多芬《第五交响曲》,作曲人……哦,我知道了。

而且,没有我的同意,不准告诉其他人。

~~~~~~

讲座中提到的书(和上述内容无关):阿尔伯特·圣捷尔吉,《疯狂的猿猴》,哲学图书馆,纽约,1970 年(Albert Szent-Györgyi, *The Crazy Ape,* Philosophical Library, New York, 1970)。

第五讲　设计未来

DESIGNING FREEDOM

1215年6月15日至23日期间,在英国距离我家约二十英里的地方,举行过一场关于自由的著名的高级首脑会议——如果不称它为一次冲突的话。约翰王与他的男爵进行了一场谈判,谈判过程中签署了一份大宪章,一份有关权力下放和个人权利的永久有效的重要文件,750多年后的今天还在不断被引用。记得我童年时听过的一期幽默独口秀就讲到了这个历史事件,故事是这样结尾的:

多谢多谢老男爵

签下伟大大宪章

如今英国任我行

——凡事尊旨就自由

这个笑话里明显的自相矛盾,是长期以来令人绝望的难题。如何同时维持个人自由与社会和谐?这是个应该不断探讨的问题,它也的确被反复地探讨了。但是讨论总是一再地直接落进一个灾难性的陷阱:集中制和权力下放这两个概念之间的虚假二分法。就这个问题展开的辩论激烈程度非同寻常,因为如果一个系统基本可靠,那么即使最粗略的评估,都会显示出这种二分法有多么虚伪。

例如,如果你个人是一个完全集中式运转的系统,你得记住去让心脏搏动。如果你太关注我的讲话,忘了这事儿,你就会晕倒在地板上。这太夸张了,我可不想看到这一幕。反之,如果你是一个完全分散运作的系统,你的思想就会从这场会议中逃离,跑去追随各种声音和响动。两种情形都不是可行的稳定的系统,不能让你长时间集中精神听讲。让我们来分析一下中央和外围命令的混合,看看是怎么回事。

我们早先看到,一个动态系统会持续受到高水平多样性变数的刺激和轰击,如果想避免系统超载,就必须减少这些多样性变数的品种。如果不打算任意丢弃变数,削减就必须根据一定的模式进行。如果这种模式具有生存价值,也就是说,它是一个可行活力系统的必要条件,那么它就必须有一个可控的管理模式。因此,这必须是该系统的**核心功能**,因为只有系统作为一个整体才能拥有其自身与其环境之间的关系模式。

当变数削减的中心功能正常运行时,根据定义,被丢弃的变数品种是由于不适用于该系统而被排除。但是，按照阿什比定律，我们知道变数必须在某处被吸收。因此，如果中央职能机制不喜欢哪一个变数种类，那个变数种类就必须由分散职能机制来处理。这种变数种类的处理方法根据定义是自主性的。也就是说，任何可行活力系统的自主部分都可以做自己喜欢的事情。当然，系统的自主部分仍然是系统的一部分，为此，它必须注意遵循中央监管模式。在这个意义上，它仍然是在执行中央指令。

如果我们在解释简单的社会控制论时表现不佳——这样的情况其实屡见不鲜——那是因为我们没有一个公认的系统来理清系统的哪些部分属于什么功能。要想理清这些确实很难，除非我们所提出的模式在每个递归水平上都很明确。我们需要提醒一下自己，每一个递归水平本身都是一个动态系统，作为其高一层次可行系统的下级自主部分，它内部同时也包含其下一层次的自主可行系统。我们之前说过，这个设置就像一套中国盒子。

例如，我们可以看到，在任何运行正常的家庭中，设定自治的过程都在不断进行。随着孩子长大，他们越来越多地发挥自己的个人能动性。但在更高的递归层次上，他们必须符合家庭的一般监管模式。因此，家庭花费了大量时间来讨论年轻成员的自主性。费时良多是因为需要满足必要变数的所有种类。结果常常是，家庭一方面保持着其集中的家庭模式，另一方面也能给予年轻人充分的分散权力和自由，却常常会完全忘记考虑父母的自由权利，后者往往被认定为权力中心。这里你可以看到，父母并没有得到什么好处——因为他们的权威在这个过程中受到了限制，也就是失去了一部分自由，但孩子却不这么认为，他们总觉得父母凌驾其上，是家庭系统的权威。

在更高层次社会结构的递归中，这个家庭的例子重复出现，只不过具有更大的规模和更强的力量。有良好意愿的公司或国家服务机构总是照例坚持其自身的系统性政策——因为这就是它的本质所在，体现了其目标，构成了其监管模式。但这种政策是集中式的。随后，这些有良好意愿的公司或者国家服务机构，开始着手与系统的各个部分进行高变数的谈判，以便划定其下级的最大化自主权，他们是真诚希望给予下级以最大自主权。但是常常事与愿违，因为他们使用的

第五讲 设计未来

不是可以实施变数调控的控制论工具，而是不具备这种能力的管理性工具。正如我们的几次观察所见，官僚机构总是在系统内同态调节器中的错误环节上安装放大器，而其实它应该在另一环节上安装衰减器，反之亦然。

这种错误的运作方式所产生的结果确实很奇怪，却是极为普遍的。系统的附属部门——公司的分公司、国家服务部门的地方下属，常常被诚意地授予最大自主权，他们却认为自己被集权中心管头管脚，很受牵制。这是因为这些下属部门所需的某些重要多样性种类被错误安装的中央放大器不适当地削减掉了。另一方面，中心的高层管理人员从良好意愿出发，实现自己的承诺，给予了地方及下属最大的自主权，以至于他们认为自己在某种程度上被剥夺了管理身份，不扮演任何角色了。这是因为他们的变数品种也被错误安装的外围削减器过度削减了。在家庭中，由于大量的辛勤工作，每个人尚能保持愉快。但在大型机构中，其复杂性和所需的努力大大提高，而参与其中的那些人——我们必须记住——他们大脑的容量与其扮演家庭角色时并无二致，失望也就不可避免了。

我经常反思，我们的组织是按照典型的金字塔形状构建的，所以只有当级别升高时大脑也随之越来越大越来越发达，高层管理人员才能正常发挥作用。在那样的情况下，他们至少可能维持必要的多样性品种。然而，正如我们所知，每个人的脑袋都差不多大小——除非我们是在使用修辞。我也常常反思这样一种方法：当一个机构过度集中时，"权力下放"往往被提出来作为该机构问题的解决方案；当一家机构太过分散，"集权化"就成了解决该机构问题的药方。我常常看到，这两种策略被不同的顾问们前后脚地提出来，在同一家机构里交替使用。这是一种管理上的疯狂，它只会导致机构在寻求稳定的过程中更剧烈地波动。

解决问题的方案是，也只能是，良好的变数工程——这才是关键所在。我们不能将监管的模型与其具体内容相混淆。通过指定模型来达到必要的变数品种就足够了，要指定内容的话就过分了。然而，后者常常发生。而且我们可以看到，它通常发生在那些有着良好意愿的机构里，为了一个根本性的原因，也就是所谓的"公平"。但我相信这种公平是避免责任的借口。

举例来说，当一个大型机构需要一个薪酬政策、员工汽车政策或库存政策时，我们所需要的是一种说明政策的方式——即调节器的模式，而不需要指定其具体内容。但我们失败得很彻底。我们应该说，就是这么多钱，可以花在薪水、汽车、库存上，然后把它交给下属部门，由那些下属经理来分配资金。相反，我们却在错误的地方操纵变数工程："这是薪水表"；"根据你的工作头衔，可以配给你这一类型的汽车"；"所有库存必须减少10%"。正如我所说，这些虽然是以公平的名义完成的，其效果却完全相反。

如果说同样年龄、具有同等资格、签署同样合约的两个男人，就应该拿到相同额度的工资，很明显是荒谬的。因为其中一人可能毫无用处，另一人则可能是个劳动模范。说某人的工作头衔应该以某种方式决定他对汽车的需求，根本是胡说。这个人如何生活、在哪里生活、有几个孩子——这是他自己的事。因为同公司的其他经理效率低下、占用公司的资本，就去惩罚另一位采用科学计算实现最小库存的优秀经理，更是荒唐可笑。这纯粹是助长低效管理的处方。为什么我们会轻率地接受这么多无稽之谈？

有效多样性品种削减器不应该是中心的政策文件，而应该是管理人员本身，因为这本来就是经理人的工作。至于公平的标准，应当说，经理或任何个人，无论做什么，都应该为自己的决定承担责任。我们的社会却竭尽所能地不断违逆这种道德准则，用效率的名义，实行极其糟糕的控制管理，用公平的名义，践行的却是彻底的不公。请记住这样的格言：我们每个人都应该为自己的行为负责。现在的实践恰恰相反。

像往常一样，我们把放大器和衰减器放在了方程错误的一边。这一切现在都被写入了我们的文化；这一切现在都被我们的官僚制度所囊括。这就是为什么我一再强调，组织模式的根本变化至关重要。在现有形式内勉强挣扎，只会增加摇摆，永远不能找到稳定状态。而且，正如我之前提到的，这意味着系统被剥夺了关键的参考基点，没有它，系统就不能学习，不能适应，不能演变。

我们如何设计如此根本性的变革，才能使我们的方法符合这个游戏的科学规则？为了回答这个问题，有必要了解人们抵制变化的本质。"有人抵制变化"，

第五讲 设计未来

每个人都这么说，但对于这种说法我们并没有根据有效组织的原理进行过分析。在人们的想象中，他们面临着心理上的难关，因为人不应该喜欢改变。

但是且慢，这是真的吗？在我看来，作为个体的人挺喜欢变化的。一切都一成不变的时候，你不觉得无聊吗？我肯定会。那么，我们为什么要说大家不喜欢变化呢？当然，答案很简单。不是那些生活着、呼吸着的人从心底抵抗变化，而是那些和我们利益相关的机构在抵抗变化。所以我们觉得承受不起这些变化。这是一个非常有力的论辩。

如果你一辈子都在职场往上爬，好不容易轮到了你，该是你收集成果的时候，奖品却被剥夺，你必定承受不起。我最早的行业经验之一是旁听公司经理和高级技工的对话，经理告诉这些技工，他们一生的职业理想都将化为泡影，因为钢铁行业的整个技术流程都要改变。熔铁一把手的高级技能本来需要毕生的学习和积累，但这种工作却在一年中就被巧妙的机器取代了。十年后，同样的管理人员，他们自己面临的威胁则是计算机，计算机使他们的许多技能变得多余。但管理者有权力，而电脑没有。错误地运用电脑比接受机构改革更容易,因为其后果是与个人的职场生涯息息相关的。

现在,我将为我们的社会对科技的滥用提出解释。权力一直存在。正是在这个递归层次上,现代人的工具遭到漠视。要是人们自己不大声呼喊,反对这样的行为,就不会有反对的声音。这就是为什么我认为,我们是在面对一个现在就可以要求的未来。

每当我们听说一个可能的解决方案无法做到,在科学的基础上我们通常可以肯定那其实是可以做到的。每当我们听说一个解决方案不经济,我们应该问"对谁不经济?"——因为是人民,也只有人民在付出费用。每当我们听说一个提案会破坏我们所知的社会运行方式时,我们应该有勇气说:"感谢上帝,终于发生了。"每当我们听说什么会破坏我们的自由,我们应该尤为谨慎。因为我们拥有的自由是最宝贵的财产,我们知道如何保持警惕。然而,正是出于这样的原因,拥有权威的人会来说服人们,让人们认为,任何放弃这种权力系统的行动都是不安全的——这也是最简单的维护权力的方法。

现在,我想暂停对这一切的哲学思考,再介绍一

第五讲 设计未来

个新的技术术语。过去几场讲座里,我们有一阵子没有引入新名词了,我希望前面介绍的很少的几个名词能够构成一个有用的词汇组。我们现在已经习惯于这样的概念,即:机构不仅仅是具有某些特征的实体,它们是动态的活力系统,其特征实际上是其组织行为的输出。通过放大器和衰减器的设置,输入系统中的多样性品种被调节机制消化吸收。通过这种对必要多样性品种的吸收过程,系统可以实现持续稳定的抗干扰状态,这种系统被称为同态调节器。

同态调节器可以抵抗干扰,不仅可以抵抗预期中的干扰,而且可以抵抗意想不到的干扰。因此,它不仅稳定,而且超稳定。无论发生什么事情,只要它的弛豫时间足够短,就不会发生震荡,更不会发生灾难性的不稳定性崩塌。同态调节器的主要特征是它的关键产出是稳定的。现在我们的主要机构都非常缺乏这些特征,甚至如我刚才所说,它们在我们自己身上都是缺失的。

为什么这么晚才引进这么个额外的术语?因为,我想以精确的方式来回答关于抵制变化的问题。所有具有同态调节机制的系统都保持着稳定的关键输出,但其中某些系统具有非常特别的额外特征,那就是它们稳定产出的是**自身的组织**。因此,它们所做出的每一个反应,所表现出的每一次适应,以及所产生的每一个进化动作都是为了生存。这个特别的技巧很好地定义了生命的本质,也很好地解释了为什么改变我们的机构特别难。它们的体制指向明确,不是针对我们的福利,而是针对它们自己的生存。

在这一点上,我们需要进行非常仔细的区分。机构应该是稳定的,但它们脱离了这种状态,因为它们的弛豫时间与爆炸式增长的变化不相匹配。这也是我们想要讨论的。然而,埋藏在机构深处的内核是这样一种维护其稳定的机制:它不仅忽视外部变化,而且忽视机构本身的主要功能。这种内核是一种特殊的自我生产的同态调节器。正是这个内核,我称之为官僚主义。所谓官僚主义,我并不只是简单地指向繁琐的公文程序,而是指向一个机构内在的自恋和自我中心特质。

官僚机构以一种实质上非常虚伪的方式吸收了爆炸性变化的挑战。在很多年里,我曾经开玩笑说,它们会接受各种变化,只要不涉及实质的改变。事实上,我在第三次演讲中讲过这句话（但当时并不是开玩笑）。总之，笑话又回来了。官僚体制**确实**接受变化：但每次都附带一大堆新条件。它们并不愚蠢地假装变化尚未发生。但是它们做出的变化肤浅而无关痛痒，且就其本质而言，这些改变的目的在于保留原有的组织系统——即保留使它们之所以如此而非他的一切特征。因此，尽管外观可能变了很多，但并没有实质上的改变发生。当人们了解这一切以后，当然官僚主义机构也就不可能再用虚幻的变化来糊弄人了。但在此之前，我们的机构将继续生产自己，这才是该组织的主要官僚活动，而社会福利只是这一主要官僚活动的副产品。

根据我们前面已经开始的有关集权与分权的分析，显然权力下放是应该的。我觉得应该开放社区，让它按照自己的想法组织教育、卫生、福利等各种社会服务，接受或拒绝当地创新者的举措。我认为这也是全国性公共或私人企事业分支机构应该采用的运营办法。我认为工人应该自由组织自己的工作，学生（每个人都是一辈子的学生）应该自由组织自己的学习。

做出这些行动的第一个障碍是没有钱。人们总是假设，因为一切都是集权管理的，是集权中心在安排一切设施，所以一个想"自主"管理的社区就理所当然地变成是在选择退出官方计划。此时，社区有可能（当然也许不能）勉强获得允许，但它必须为自己融资。然而，由于集中式的管理中心是以地方的名义获得财政资金的，拒绝社区对资金的拥有权，很明显是一种冒名顶替的行为，是对自由的严重侵犯。至此，我们应该质问的，不是"他们是怎么摆脱罪名的？"——因为我继续假设每个人都有良好意图，真正的问题是"我们的体制怎么会退化成这样糟糕无理的形式？"

现在我们对动态活力系统进行了足够的控制论基础上的分析，可以得出回答这个问题所需要划出的分界线了。为了保持动态活力，整个系统必须具有中央监管模式。这个模式应该是通过民主的磋商来创造的，但是我们不能躲避这样一个事实，那就是，这种监管模式会限制地方分部的多样性种类。如果我们对此保持中立，一切仍然正常：因为无论如何，多样性品种都必须减少，而最终的结果应该是，体制可以在全系统的递归层面上提供经济的服务。至关重要的分界点在这里：多样性品种削减的形式应该

第五讲 设计未来

由地方来进行决策。

我们犯错的关键是在错误的递归水平上做出多样性变数削减的决策,自由就是这样丧失的,导致灾难性威胁的不稳定性也是这样产生的。整个系统没有足够的必要变数品种来平衡其局部的稳态,就此剥夺了其自身找到内部稳态所需的变数品种。

有了这个启示性的观察,我们就可以重新设计任何体制。在我自己进行尝试的经验中,进步路途上的两个主要障碍总是一再出现。第一是官僚主义:任何集权体制都会建立官僚机构以维护其中心地位。权力下放时,对官僚机构的需要就会消失。但我们已经不能自拔,官僚系统的存在旷日持久,而且功能强大,这是显而易见的。而我刚才讨论过的论点尚未明了,即它们自己已经成为复制、生产自己的活力系统。应该这么说,寄生虫的生长取决于其宿主的持续存在,这是不争的事实,但寄生虫也可能以宿主为代价来茁壮自己。

有两种方法可以用来评估现实情形,您可以根据所好选择任何机构进行尝试。第一种方法是数人头。根据定义,有多少人受雇于官僚主义?无论是国家还是公司的官方统计数据都不能恰当地回答这个问题，大家必须自己测量。通常得仔细区分个体工作者是为主体工作还是为主体的寄生虫工作，这里存在很大的自我欺骗的空间。情况通常是，为寄生虫工作的占比高达三分之一，且还在上升。由此看来，我们就不必惊讶，官僚主义已经完全拥有一套自己的生存之道。第二种方法是检查官僚机构自我生产的形式。

例如，卫生、教育和福利等方面的官僚机构，它们所关心的问题，有多少是针对病人、学生和生存资源被剥夺而需要帮助者，有多少是有关机构的自我复制？人们有权就这些问题进行提问。在问问题时，大家应该意识到，维持机构运作标准是一个严肃的需要，但也可以成为无懈可击的借口。

人们有权进一步询问，除了官僚制度，是否就没有其他方式来维持机构的运作标准呢？当然有。棘手的是，这些方法都要依赖强烈的责任感——对自己的行为负责，对自己的同事负责。正如我们已经看到的那样，这种方法不受青睐；这不"公平"。此外，它听上去缺乏保障。那么，与其依靠真正的人类道德，还不如依靠一个不论道德的官僚主义算了。你对此态

笔记速记

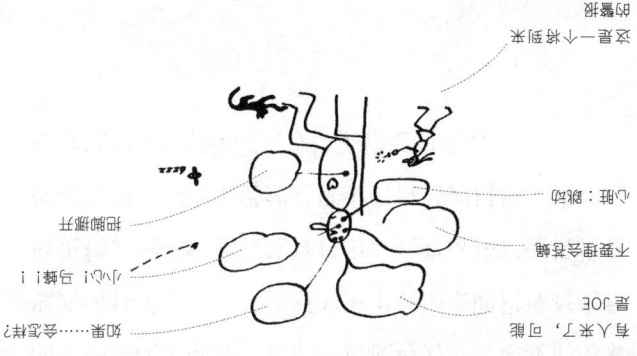

对于一句话的反驳，由来并不如我们乍听之间的那么唾手可得、理所当然。每当我们因为别人的一行字而满面通红的时候，尤其需要警惕。

信息只有一种，但

使用它和解读它的方式

※ 信息只有一种，但解读的方式；

非该地区愿意明确宣布，实现这样的理想的代价将是牺牲他人的利益。

对于任何人来说，绝对自由的概念都没有意义，自由只能存在于可以衡量的多样性变数的约束之内。我们失去自由则应该归因于我们对各种变数削减器失去了控制——教育也好，出版也罢——归因于在错误的递归层次上强加于我们的集权势力。使用我们所掌握的新科学工具，建立新的民主机制来取代现有的官僚机构，就可以收回这种自由。只要这些官僚机构在控制组织的层面上仍然是以生产自己为目标，我们的社会机构就仍然面临灾难性不稳定的命运。

例如何？对技术说，这种佛经无异于真理，是无须自我辩护的。

那么我们的外解读出了怎么个明确的结论。如果我们主要的其我，它们所认识的就成了经典，这就意味着我们主要的部分是被其解其主义，不折服真正真义，就是乱引和奏事，而是让其他的变化不是其的变化，艺术完全引向新事，而是让其他的实际化和重新选择，生产自己。

你们能会注意到，我一直说这样一些范畴——生产合适，这是什么事，但不是检修。一个体制自己，而不是说他们在看他们自己，查看他们来看重自己，并生产这自己的目标。体制不能在让我有法有处自己的种种对成未行动感到难时，我们应该其仍能选择最大的变化下来接受我们一个被限度、它要这样一个做使我们也来，这是我其正在迷途着并为之经成为我们的我们化——但是是通过我们是，因为它已经成为我们的我们是一样的。

现象发说到，这样有的几个随值，第一个最其确是主义文，第二个是修身。但我们现在已经讨论及这个问题，现在只需要设给一下答案，基本上，与第六个项目有关的所谓借用并非确有其事。

第一、通语，所谓借用才是技术家所成未，而是指可用资金；

• 第二，可用资金常常被任意分割，划分成一个个时间段，以符合会计核算的要求，而不是人民的需求；

• 第三，无论是否考虑改变项目的做法，大家已经在为项目付钱了，但这个事实常常是被隐藏起来的；

• 第四，现实中，不存在一个民主机制，让大家决定把钱花在哪些项目上，而这都是人们自己的钱；

• 第五，只要中央监管模式是以民主方式建立，且能得到适当解读，没有理由认为按照人民的意愿花钱，会比按照官僚主义的意愿来花费更多；

• 第六（这一点是新的），拆除官僚机构省下来的钱足够支付许多新的社会项目所需要的费用。

所以，我希望可以按照以下想法进入本系列讲座的最后部分。人类受到并非万能的大脑限制，不能吸收所有信息，不能识别世上所有模式。我们受到个人有限资源的限制，不能随心所欲；我们受到地球有限资源的限制，不能要求所有人类实现物质繁荣上的无限增长。事实上，追求个人的物质繁荣虽然可能，但它已经超过了世界上的富裕地区可以承担的程度，除

第五讲 设计未来

※ 它使用的渠道；
※ 它通过的过滤器；
※ 有多少被记录、记忆；
※ 它引起行动的程度；
——所有这些都是不同的。

神经控制论研究对管理科学家在设计体制方面的工作尤其有帮助。

有些系统可以用**稳定**的方式适应变化，但这仅仅是当这些变化属于他们被设计接受的范围时。

大多数工程系统是类似的；如果环境变化产生了设计师所未预计的影响，系统就会垮掉。

一个同态调节器将其关键变量保持在自己的机能允许的范围内,不管影响其运行的变化的形式是预料之中还是预料之外的。稳态是生物系统的天然特性,控制论专家就是采用这种模型,使制度系统实现超稳定。

这是关于一家机构的图示:

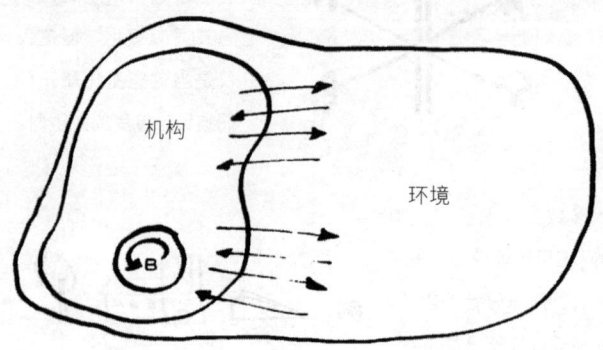

这幅画看起来像一个有机体，它生活在其环境中，并与之相互作用。我们希望这是一个具有稳态的系统。

标记为 B 的圈子看起来像那个细胞的核心，它应该是指导这些稳态操作的。但它其实不是。

B 代表官僚主义，官僚主义是利己的。

它原本应该是像细胞核一样指挥稳态运作的，但是官僚主义并不关心这些，它所做的只是不断地*生产自己*。

因为这个机构是一个可行的活力系统，所以在这个递归层次上，有机体应该生产自己。如果它的核心发生功能障碍，运行就成问题了。

~~~~~~

一个稳态系统，其主要功能就是生产自己（也就是，保持自己的体制结构）。首次发现并研究了这一现象的人，亨伯托·马图拉纳（Humberto Maturana），给它起了一个新名字。他管这种系统的特质叫作"自创生"（AUTOPOIETIC）——它的纯希腊语的意思是"制造自己"。他定义这一名词的书尚未出版。[1]

---

[1] 亨伯托·马图拉纳已有所著《自创生与认知》（*Autopoiesis and Cognition*）后于 1980 年由 D. 里德尔出版公司出版。——编者注

第六讲 控制论世界中的自由人

不断解放思想是个人进化的前提，我们必须把思想从植入我们大脑的程序中解放出来。只有不断地、有意识地测试我们的个人多样性是怎样被我们最热衷的东西所限制，我们才能开始这一思想解放的旅程。

但自由并不是纯粹的无政府状态。如果我们被丢在撒哈拉沙漠中，尽管没有墙壁和栅栏，窗户也并不存在，我们也不算自由。当我们的智能公寓的大门被解锁，我们就自由了，就可以走出去，呼吸一些新鲜的空气。但我们仍然需要地图。

我所带来的希望之音是，这是一个可能的契机，不仅仅对于个人——也就是在座的各位，且你们可能自己也会得出这样的结论——更是对社会而言的一个契机。但很多人不像我那么乐观，因为这个任务看起来太艰巨了。正如我在讲座开始时所讨论的，很多人感到没有出路。

但是，我想确保你听到以下这些话，这就是杰夫瑞·维克斯爵士（Sir Geoffrey Vickers）就社会状况进行控制论分析时所得出的结论。他说："陷阱是由被困者所决定的。"我想接着说，我所描绘的失败的社会不是一个恶毒的社会，不是一个狡猾的陷阱——因为我同意维克斯所说的,陷阱的"限制性"在于我们自身的特质。也许说我们的社会是守旧落伍的恐龙社会更合适。

通过这个表述,我的意思是,我们的机构的问题在于它们失去了及时反应的能力,也就是及时学习、适应和演变的能力。像恐龙一样,它们不再是可行的活力系统。我已经尽力直白地陈述了在我看来会导致灾难的机制,因为我认为我们是可以了解它的。只要我们了解了,我们就可以控制它。

"控制",我们又遇到这个词了。我希望到现在大家已经知道我怎么使用它了。当我说一个系统是"在掌控之中"的时候,我的意思是说它是超稳定的,能够顺利地适应预料之外的变化。它的结构使它有能力适当地提供必要的多样性种类。

刚才我说,但我们仍然需要地图。在我看来,我们所需要的社会地图就是我想阐述的控制论地图。所以,大家现在可以了解为什么我将这个系列起名为设计自由。这个标题中所蕴含的矛盾也是修辞意义上的"矛盾修饰法"。我们拥抱的自由必须"在掌控之中"。这意味着人们必须在每一个递归层次上,支持它自身

第六讲 控制论世界中的自由人

所在的那个可行系统中核心的监管模式。

到目前为止,这种支持应该是通过确保宪法或对于民主进程的信仰来实现。但现实出乎我们的意料,在疯狂繁衍的变数多样性品种的世界中,书面或不成文的章程再也不能为我们提供必要的变数种类了。如果民主进程没有抓住和使用那些被忽视的现代工具,民主进程本身就维持不了多久了。

所有这一切都成为对科学效率最有力的呼吁,这就是"设计"一词的寓意:通过设计来提供一种监管模式,从而为人类的喜乐和兴趣提供必要的多样性,也就是"自由"。

这些概念的撞击和冲突在我们所有人,包括我自己的内心引起不和谐的感受。它们发出不安定的回响,就像任何矛盾一样。那就让我们赶快考察一下这个陷阱吧——它是被困者特性的表现。

科学在我们社会的应用中存在两个问题。一个是科学被利用,成为权力的工具,凡是经济力量集中的地方都有这种情况。另一个则是它的精英形象。我们都不希望受到权力的操纵。如果科学是权力的工具,就让它见鬼去吧。也没人愿意将自由委托给一名身穿白色实验服、口袋里插着一排圆珠笔、与电脑为伍的人，除非他和我们有着共同的对人性的认知。

我们现在来到这个最有争议的论点——今天是最后的讲座，在此之前，我已经尽力克制，到现在才来谈它：文明被自身的低效率拖累，停滞不前。我们不能喂饱饥饿的同类；我们不能停止战争；我们在教育、交通、照顾病人和老人方面都处于一团糟的局面；我们的机构在衰败中，人们在自己的城市街道上经常感到不安全。这一切都是低效无能的表现。**那么，可以听任机构完全失去效率，以至于完全不影响个体行动吗？这样实现自由的办法显然是荒谬的。**为了解决问题，我们必须有效率；我们必须接受其中包藏的对自由的威胁，把它处理好。人类可以做的一切都包藏着威胁。据我所知，这是写在必要变数定律当中的。因此我们就必须打破无知，我们必须走出迷雾和图圄。

我们必须找到一种把科学给予人民的方式。如果我们能做到这一点，精英主义的问题就会消失。这一点我想我不必说服你吧：身穿白色实验室外套的人毕竟是人，他会更愿意用电脑为你服务，而不是把世界炸飞。那么看在老天爷的份上（我使用这句话是很小

第六讲 控制论世界中的自由人

心的），在大势已去、时机已晚之前，让我们创造一种社会制度，使得这种服务至少是可能的。当下，科学家自己也被社会雇用他的方式所困扰。多少科学家被雇佣来为死亡服务，而不是为生命服务，他们服务于剥削人类而不是解放人类。但这并不是他们的选择，这是具有特定组织结构的动态系统的输出结果。还记得我们前面讲过的海浪吗？

所以我这些讲座的第一个结论是，效率不必然和暴政有关——前提是我们得建立合适的系统。这一点至关重要，因为我们要想拯救我们的恐龙社会，是需要点效率的。

我想攻克的下一个难题也涉及一个矛盾，你可以称之为"不可预测的预言"。如果我听起来像一个先知，或者（用一个吓人的新名词）一个未来学家，我并不感到意外。但请允许我不参与假扮先知的游戏，因为我不相信我们可以预测未来。我相信我们可以清晰地描述现在，而如果我们使用适当的工具，这个现在也界定了未来世界。这两者是不同的，我会花几分钟来解释。

如果我给你一根香烟，会如何？你可能会接受它，也可能拒绝它。你可能会发表一通关于烟草的颂扬之歌,也可能会甩给我一套关于肺癌的说教。如果你是一家烟草公司的董事,你可能会把钱包硬塞给我;如果你是反吸烟运动团体的主席,你可能会迎面给我一拳。我完全没法估计你的行动,也许你会出人意料地表演一场原始部落的战舞——我们大可以设立一个奖项,看谁能解释为什么你会突然大跳战舞。总之,未来是不可预测的,因为变数太多。这就是所谓自由。

但另一方面,我可能有关于你的一个模型,我可能已经知道你是个怎样的人,而且对你会如何行动有相当的了解。这个事实并不限制你的自由,但它界定了你在我的模型中进行表现的多样性种类。如果这个界定的概念更早被理解,那么一度非常流行的关于自由意志的讨论就不会那么混乱了。

现在让我们将分析扩展到计划。如果我明天去赶8点32分的火车,也许你会在火车上找到我。但如果说因为我是一个自由的人,你就可能会在那个时间看到我躺在家里的床上,或者正在飞过大西洋,这显然是荒谬的。计划是一种变数多样性的削减器。计划什么往往会出现什么——但不是一定。常常是,我们想

第六讲 控制论世界中的自由人

要赚钱,却赔了本,也就是说,当我们以为已经摆脱了变数多样性的时候,它却悄悄袭来。以上哪一种情形中,计划都不会剥夺我们的自由意志。

为什么计划这么臭名昭著呢?人们常常以非常贬低的语气来谈论"计划者"。原因在于我们的计划是不灵活的,负责实施这些计划的机构往往坚持执行那些对受影响的人来说早已明显不合时宜的计划。我们再次回到传统机构的不可行性这个问题上。机构被其沉重的机械性拖住,裹足不前,而报纸上的负面评论反映着公众的愤怒……

计划应该不断地灵活更新,不断适应新情况。社会计划应该不断被叫停,不断更新,以免生出怪胎。如果正确的方法是这样,那么就没有必要根据任何人都无法正确给出的预测来做计划,而应该根据情况,分析每一种逐渐展开的局面,其中的每个决定都界定了一种未来。这样,不受欢迎的"计划"这个概念就可以扭转局面,再次获得大家的垂青。因为这意味着未来是我们可以用自由去决定的东西,而不是悄悄等在我们的前面,若非极具智巧就会撞上的倒霉东西。我们可以创造未来,而不是预言未来。

至于多样性变数再次悄悄降临，我们可以留神监视。这仍然很难说是预测。它更多地是基于对现有多样性模式的分析，来评估该系统下一步进入某一状态（有其特殊的标识），而不是另一个状态的概率。这个过程对自由的问题也没有影响。它只是量化的商业技能，运用科学，完全可以通过运营研究做到这一点。但我必须补充一点，每当我听到商人或政客谈论所谓"计算过的风险"时，我总是忍不住想笑，因为这常常意味着预测能力有限，需要冒无法计算的风险。

下面让我们看看另一个关键的论点，这不是预测——因此不会那么令人讨厌——而是分析，首先是说明哪里搞错了，其次是如何纠正错误。

文明是在通过一组具有特定组织结构的机构进行运作，而这种组织结构似乎是一个过时的错误。它曾经在悠闲的过去工作得很好，但现在它的弛豫时间应付不了扰动频率了。因此，这些系统实际上从原始设计上就具有不稳定的输出。大量证据表明，它们的产出确实不稳定，而这一事实证实了我们的假设。我们的机构在其设计中没有能够阻断不断循环加强以至灾难性崩溃的控制机制。

第六讲 控制论世界中的自由人

下面我们可以看看应该怎么做。我们不可能抓住爆炸性增加的变数，强制性地将它们降低到可控的水平。如果我们不惜一切代价强化整个机器（我们有这种倾向），我们就会失去自由。而且，荒谬的是，这种方法只能使造成灾难的机器更加高效地向着灾难性的方向发展。我们应该重新设计系统本身，改变其本质，使其输出变成稳定的。

为了做到这一点，我们需要系统内部进行更快的通信，而这些都是可以做到的。这意味着正确使用向所有人开放的高变数、实时的宽带通信系统。为了让所有人都能用上这些工具，这些设施有必要是免费的，就像空气和风景一样，它们是我们赖以生存的基本资源。在我看来，这一大笔支出很值得，与我们必须面对的威胁相当，它远远低于那些不必要，我们却高高兴兴地支出的大笔费用——要是把这些费用列出来，会是相当令人难堪的。

接下来我们需要在这个网络中正确使用电脑：不是把它弄成制造愚蠢错误的设备，或是计算总额的昂贵计算器，或是监视人们自由表达的检测器。这样会腾出现有电脑应用的百分之九十五的力量，使电脑的可用额度大有富余,让人们可以掌握自己的学习,编辑自己的输入,来进行自己个人的进步和演化。

很可能电脑资源也应该免费。请注意,监控高多样性变数的服务项目正变得越来越昂贵。每个消费者消费多样性服务项目的程度和模式都不同,这些都需要被记录下来。如果开通一段收费公路,想通过收费收回建设道路的费用,我们会需要一个具有必要多样性种类的系统来监测道路的使用情况。我们可能会发现,这个系统需要的费用会超过收来的钱。如果这种事情在一个相对多样性较低的情况——比如收费公路——当中都会发生,那么在我刚才所预示的高变数多样性的情况下,结果就更加不堪设想了。

所以我们应该注意这些先例。所有机构内部都设有机制,规定好了公共钱包应该如何支付所有费用。然而,也许这一切都已经过时了。假设我独自住在一个偏远的大草原社区,发现首都没有一个人认真对待我的偏远问题,没人根据我距离城市的远近,解决我的电信线路和电脑资源问题。也许我应该组织一个地方委员会,提议向城市居民收取费用,让他们假日出游时付钱欣赏我们当地的旖旎风光。

鉴于我们拥有所有这些技术，我们需要新的机构来处理它。到此，我可以总结一下我对自由所做的评论。太多的人似乎认为，沿着这些必要的道路前进可能会使我们失去自由。

对此，我的回答是，我们的个人自由不是想当然的绝对的样子。我们受到大脑的限制，受到我们个人输入的多样性变数被严重削减的限制，这就是我们的处境，我们不应该从世故的装模作样来开始我们的思维过程。其次，我并不认为作为我们自然权利的自由将受到危害，我可以非常激动地说，它现在已经受到危害了。但是，我们太安逸了，不愿面对这令人不悦的事实。我们生活在一个过分惬意的幻境，这不是真正的世界，真正的世界不但并不舒服，还令人不安，有那么多的人受到奴役甚至正在死去。我们的幻境是现实世界的一个变数衰减模型，这些恐怖事件在电视屏幕熟练的转播中显出一种不真实的感觉。

因此，我们的论点是，必须行动起来重新设计我们的机构，大胆地在这个事业中使用科学。当今的社会正在以其现有机构的形式大胆地利用科学，用来强化而不是重新设计机构的组织，而它加强的恰恰是机构中那些最压迫人性的部分，公共和私人机构都是如此。

如果过度消费意味着抢劫第三世界，那它就是一项压迫人类的事业。科学是其背后的推手，而这主要是因为通信系统的使用方式不当。电视不仅仅服务于虚假的经济成长，它已经几乎成为帝国主义的形象代言人。请回忆一下那些电视节目："土著土匪"阴谋推翻合法国王，却被第一世界派来帮忙的形象光辉的英雄男女给制伏了。这些土著男人和女人在为自己的解放而战斗，想从专制暴政的压迫下解放自己，从他们的角度看，这些所谓外来的帮助就是干涉，是压迫。我想使用同样的演员，从所谓土著的角度重新制作这些节目。

接下来，我提请大家注意由计算机驱动的系统，它被用来编辑个人档案，摧毁个人的信用和名誉。这就是压迫。如果跨国公司被允许在全球范围内使用科学来利用地球日益减少的有限资源为少数人的利益服务，而只有这少数人有权力这么做，这就是压迫。如果使用军事科学的力量，即使只是武力威胁，用来反对任何国家的民主选择，这也就是压迫。与其他例子

第六讲 控制论世界中的自由人

不同,最后一个例子并不新鲜。如果我们把这么多的科学投入压迫性的目的,那么我们至少也应该用科学为自由做点什么。

我所提到的所有科学的压制性用途现在都在全面展开。所以科学并非像许多科学家愿意相信的那样是中立的。我时常想,公众或者希望,只要他们像老鼠一样老老实实,安安静静,机构内部的所有这些权力就不会伤害他们。但捕鼠器里装满了日益繁荣和炫耀性消费的奶酪,储存在弹簧里的破坏力是支持经济力量的技术主义。我们就此失去自由……啪!

可能出现这种情况的直觉是对的,它就建立在我所说的异化之中。异化导致无力的愤怒,也许是暴力;它是人类多样性过度被阻碍的结果,是爆炸性的;异化本身并没有建设性。尽管我主张拆除官僚主义,但只是简单地拆除也不能产生新的建设。那么,应该怎么做呢?

在任何一个人的头脑中,编程混乱的百亿神经元并不含有治理世界所必要的多样性种类。这些种类首先是由生产这些多样性品种的人提供的,是他们每个人提供了正确地治理世界所需的品种。任何选择退出监管角色的人都是在剥夺整体系统实现稳定的能力。因此，我不必指出总体监管模式的内容，而只是在此指出对它的需要。但是，如果这种限制适用于我，它也适用于你。做救世主所需要的必要变数只属于真正的弥赛亚。

我建议首先要注意的是，大多数人采取被动行为，这恰恰是不应该的：我刚刚提到，我们的被动行为剥夺了社会的监管变数品种。偶尔的民主选举不是一个足够强有力的放大器。况且，我知道很多有思想的人都放弃了投票。如果面对选择，我们漠不关心，那么做出什么选择并不会增加监管的变数品种。因此，大家应该放弃自己的玩世不恭，积极参与。

现今普遍被认为可行的一种道路是：进入社会机构，并尝试改变它们。再一次地，许多有思想的人已经放弃了这种做法，因为他们认为这种努力的结果将是失败。如果我刚才有关官僚主义的分析是正确的，特别是如果前述关于弛豫时间的假设也是正确的，那么他们可能是对的。我能得出的唯一结论是我们必须重新开始。如果不想造成无政府状态，我们就必须帮助机构本身（当然包括政府）进行改革。

帮助政府,这听起来像死亡之吻,任何好的革命运动都会避之不及。但我坚持认为这样一个假设也是成立的,那就是,机构,包括政府,都有良好的出发点。如果你我可以明白这些问题,它们为什么不能呢?

那么试想大家聚集在一起讨论社会问题,讨论想要什么样的社会。我说不出审议的内容。但一个好的监管模式将在各种递归层次上与多样性削减器的控制及多样性放大器的提供有关,与科学在这些目的下的运用方式有关。除去费用不菲,我并不认为获取科学工具的问题会像它听上去的那么困难。更严重的问题是科学的异化已经形成,我们需要扭转这种局面。如果前面提到的那些团体认为我所说的科学之必要的论点不对,决定选用一种工艺式的文化——假使他们觉得这样奏效的话,我也是会相当满意的,只要他们的头脑保持自由就行了。知识是人类所拥有的财富,其中也包括科学这种有序的知识。

科学方法会大胆使用实验,我是指严肃的实验——这种实验可能失败,从而证伪一种理论。在尝试社会进步的过程中,我们以进化的方式工作,仿佛只是伸出一只脚趾探索着路线。我当然认为这太慢了,我们没有那么多时间。我倡导大胆的实验,但前提是我们认识到它的风险。这里有一个关键点,那就是我们可以负担得起失败。失败意味着减去多样性。有一点科学家了解得最清楚:实验得出失败结果和成功的结果同样有用,两者都会减少多样性变数,直到我们的探寻找到答案。

所以我提议设立一些实验机构,它们将与现有的机构相对立,并得到它们的全力支持,这样做将是值得的。反对的声音立即出现而且非常明确,拿谁和谁的孩子做实验?我告诉你,答案是,将有很多志愿者,因为他们会得到安全的保障。像实验一样,他们可以设计自己的机构。我感到如此肯定的原因是,许多人已经这么做了——没有许可,没有保障,也没有任何资金的要求。而我认为,其实他们有资格要求资金。因为这就是解放。

其余的设计就很简单了。如果科学可以做到任何可以界定的事情,如果人们真的开始对需求做出界定,那么他们就需要依赖科学。只需要一个小团队来建立联系就够了,不需要任何官僚。递归的水平必须正确,但是也很容易做到。每个省份一个团队,渥太华也有

第六讲 控制论世界中的自由人

一个。不用对任何人说任何话,只要协调努力,互相沟通(当然,可以通过录像带或其他现代手段)。

我说得够多了。我不需要将自己的想象强加于世界,尽管也许倾诉一下未被开发的或者遭受挫折的多样性可能似乎也合乎情理。这些事情没法强迫,但也许可以被解放。

你问,为什么需要被解放?如果那些设计那么好,为什么它们不会自动发生?我认为,答案在于群体效应。因为使用科学是昂贵的,无论如何热心,小团体也难以指挥科学的运用。然而,运动一旦普及,成本就可以分担,一切就会变得可行。这是我的小团队的经验。谁应该为此付钱?首先,那些有着良好意愿的机构。如果您的一位员工在这样一个团队中拥有一个自然的地位(他或她由社会团体选举出来,那是个真正的荣誉),为什么不放手呢?**支持他们嘛!**你会获益匪浅。毕竟,是你的机构绑架了这个人并抢走了他的能动性(那个人也许就是你自己),为此你付出了很高的工资和附带的福利。难道你不能为自由,实际上是为生存,做出一点表示吗?

但是,当我谈到群体效应时,最好的例子是:一个国家通过民主选举产生了政府，而它把自己变成了一个实验性的社会——没错，我要再次援引智利这个例子。在第三次讲座中，我讨论了一个为经济制度设计的系统，但这在智利实验中并不是主要部分。

智利的实验从农业和工业改革开始，不断向穷人提供食物和衣服，热情地实践着即使是主要的反对党也平和地称之为智利工程的项目。付钱的是中产阶级，他们自己知道，做着自嘲的鬼脸。但是他们大多是出发点良好、遵纪守法的公民。我认识很多投票给阿兰德的人，他们一方面确实制造了一些关于物资短缺和排长队的笑话，另一方面则似乎也并介意，继续各行其是。

在智利工作的两年中，我目睹了几次颠覆政府的企图。1972年10月的那一次非常严重。这次事件制造了高度紧张的局势和巨大的困难。对此，智利人民的回应是，阿兰德的得票在三月份之后的投票中增长了惊人的百分之七。但他的政府仍然是少数党派政府，这是对他的束缚。大选后，看起来好像他有可能要成功了。于是，有人觉得该是停止这场伟大实验的时候了。

第六讲 控制论世界中的自由人

我所看到的是，富裕世界不会让一个穷国自行设计自由。富国切断了非军备的重要物资供给，只供给军备物资——那些军备物资最终将拉莫内达变成一个冒着硝烟的弹壳。富裕世界切断了重要的信贷，切断了硬通货。非法流动资金则继续存在，支持和加剧了人为造成的配给制度的瘫痪，成为政变的托词。

所以，我们不应该人云亦云，说阿兰德把他的国家搞乱了，摧毁了智利的经济。是一股外来的力量将智利的经济摧毁了，也摧毁了阿兰德。阿兰德明白，他的国家在外来力量压迫下，正在失去自由，他向联合国陈情时也是这么说的。自由世界，喜欢这样自诩的自由世界，听到了他说的话，却坐等阿兰德的预言变成了事实："他们只会把我的棺材从拉莫内达拖出去。"那时，自由世界才低调地表达不满，承认了军事管制。

自由就是这样失去的，它不是偶然的，而是一种旨在遏制自由的系统的产出。我要传递的信息是，我们必须重新设计这个系统，让它输出自由。如果以科学的效率威胁自由为名，进行效率低下的操作，那么以我们的名义行事的机构就不能防止暴政、战争、酷刑和压迫的蔓延。我们奢谈社会的日益繁荣，但是在今天的世界上，暴政、战争、酷刑和压迫这四种可怕事件的增长却更为真实。

让我们发挥爱和同情，发扬快乐，普及知识吧。这些品质存在于我们的身上，却黯淡无光、模糊不清了，因为它们受到恐龙社会致命政策的制约和压抑。让我们使用学来的有序的知识——科学吧。这也是我们的传承。如果它被权力夺取了，就把它夺回来。让我们向那些应该代表我们的国务要员和政治家提出要求，要求他们代表我们的利益，或选出新一代的国务要员和政治家。让我们向教育工作者提出要求，要求他们改变教育机构的运作模式，不要继续训练疯狂的猿猴，要开始建立新一代的中小学和高等院校。

最重要的是让大家都对彼此有所期待，我们会找到更好地利用科学力量的方法。说因为普通民众不了解科学，我们就不能做到这一点，纯粹是无稽之谈。这就好像说，因为我们不能理解风和大海和潮汐，我们就不能航行。这是完全没有道理的。

人类在历史上曾经渡过无数不可思议的水域。现在我们也一样可以做到。

本讲座中引用过的语录出自：杰夫瑞·威克斯，《颠簸之舟中的自由》，企鹅出版社，艾伦·莱恩分社，伦敦，1970 年 (Geoffrey Vickers, *Freedom in a Rocking Boat,* Allen Lane, The Penguin Press, London, 1970)。

作者简介

斯塔福德·比尔（Stafford Beer，1926—2002），英国理论家，生前任曼彻斯特商学院教授与顾问，以其在运筹学、管理控制论等领域的著作而闻名，曾担任世界系统与控制论组织主席。

比尔曾在联合钢铁公司建立并领导一个运筹研究团队——运筹学与控制论研究部，这是世界上首个专门以控制论为研究核心的研究部门。20世纪70年代，比尔参与了智利生产发展公司主导的"协同控制工程"，尽管该项目因智利政变未能完成，但比尔留在了南美洲，继续担任墨西哥、乌拉圭和委内瑞拉等国的政府顾问。比尔晚年在墨西哥和加拿大两地生活，并成为三十余所大学的访问教授。

译者简介

李文哲，美国林肯大学病毒分子生物学博士，华盛顿大学实验医学系博士后，临床诊断企业高管。

现代人小丛书

《培养想象》
— 诺思罗普·弗莱 _ 著

《画地为牢》
— 多丽丝·莱辛 _ 著

《技术的真相》
— 厄休拉·M. 富兰克林 _ 著

《无意识的文明》
— 约翰·拉尔斯顿·索尔 _ 著

《现代性的隐忧：需要被挽救的本真理想》
— 查尔斯·泰勒 _ 著

《偿还：债务和财富的阴暗面》
— 玛格丽特·阿特伍德 _ 著

《叙事的胜利：在大众文化的时代讲故事》
— 罗伯特·弗尔福德 _ 著

《必要的幻觉：民主社会中的思想控制》
— 诺姆·乔姆斯基 _ 著

《作为意识形态的生物学：关于 DNA 的学说》
— R. C. 列万廷 _ 著

《历史的回归：21 世纪的冲突、迁徙和地缘政治》
— 珍妮弗·韦尔什 _ 著

《效率崇拜》
— 贾尼丝·格罗斯·斯坦 _ 著

《设计自由》
— 斯塔福德·比尔 _ 著